이야기 서양철학사

차례 Contents

들어가며

철학과 역사, 역사와 철학은 어떤 관계에 있을까? 이와 관련해 헤겔(G.W.F. Hegel)은 "철학은 그 시대의 아들이다"라고 말한 바 있다. 갑자기 하늘에서 뚝 떨어지거나 땅에서 불쑥 솟아난 철학은 없다. 모든 철학은 철학자로부터 유래하는 것이며, 그 철학자는 이 땅에서 태어나 이 땅 위에서 살다 죽었다. 따라서 어떤 철학자이건 그 시대, 그 나라, 그 역사의 한계를 벗어날 수 없으며, 그 철학자에 의해 생성된 철학 역시 마찬가지다.

십자군 전쟁을 예로 들어보자. 주지하다시피, 이슬람 세력이 기독교의 성지인 예루살렘을 점령하자 비잔틴의 황제가 로마 교황에게 도움을 요청해 일어난 역사적 사건이 십자군 전쟁이다. 물론 표면적으로는 성지(聖地) 탈환이라는 명분을 내걸었다. 하지만 전쟁에 참여한 각각의 계급들은 나름의 이해득실 계산을 하고 있었다. 교황과 왕, 제후들, 기사와 농민, 상인들은 모두 자기 목적이 따로 있었던 것이다. 대부분 약탈과 살생만을 자행하는 데 그치고 만 이 전쟁의 결과로 유럽에는 중앙집권국가가 세워졌다. 또 동방무역이 활성화되어 화폐경제와 도시가 발달했으며, 동방의 문화가 서방에 유입됨으로써 훗날 르네상스의 기틀이 마련되기에 이르렀다.

서양 근대 초기에 등장한 르네상스는 새로운 자연과학 지식의 등장에 힘입어 '인간적인 것들'에 대한 열망을 몰아왔고, 지리상의 발견과 종교개혁 등의 영향을 받으면서 유럽인들의 가치관을 근본적으로 바꾸어놓았다. 실험과 관찰을 중시하는 자연과학이 철학을 선도하면서 무신론과 유물론이 싹을 틔웠고, 인간의 선천적 이성을 강조하는 합리론과 후천적 경험을 소중히 여기는 경험론이 등장했다.

한 철학자의 사상 역시 개인의 삶과 떼어 생각할 수 없을 것이다. 영국 경험론의 선구자 베이컨(F. Bacon)은 셰익스피어의 연극이 공연되던 당시 왕궁에서 근무한 적이 있고, 끝내 자신의 철학을 고집하다 화형(火刑)에 처해진 브루노(G. Bruno)의 감동적인 생애 또한 그 시대의 엄청난 혁명의 도가니 속에서 가능한 일이었다. 마키아벨리(N. Machiavelli)가 『군주론』을 집필한 것은 메디치 가문의 신임을 얻기 위해서였다는 말도 있다.

이 책의 목차 부분을 처음 접했을 때 느낀 것처럼, 본서는 매우 독특한 구조로 되어 있다. 첫째는 서양철학의 흐름 속에서 그 시대의 대립되는 가장 중요한 두 개념을 붙잡아 시종일관 끌어가고 있다. 그럼으로써 잡다한 철학적 지식을 얻는 데 그치지 않도록 하는 대신, 그 시대의 주도적인 사상을 그 근본에서부터 포착하려 했다.

본서의 두 번째 특징은 철학이 형성된 역사적 배경에 주목했다는 점이다. 하나의 철학은 반드시 시대적 환경 속에서 배태된다는 점을 강조하고 싶었다. 시대는 철학을 낳고, 철학은 시대를 변화시키기 때문이다.

세 번째 특징은 이야기 형식으로 꾸며졌다는 점이다. 그렇지 않아도 복잡다단한 사건들을 난해한 철학과 묶어놓으면 그야말로 어렵고 딱딱한 책이 되고 만다. 따라서 독자들이 쉽고 편안하게, 그리고 가급적 흥미롭게 읽어나갈 수 있도록 많은 부분에서 배려하고자 했다. 애초 많은 양으로 써놓은 주석 부분을 대폭 줄였고, 한자나 외국어, 숫자 표시도 가급적 생략했다.

이 책이 성인이나 청소년 모두에게, 한 시대를 고민하며 살아가는 이 땅의 모든 독자들에게 유익했으면 하는 바람이다. 우리 모두가 과거의 기록에 비추어 현재를 되돌아보고, 밝고 찬란한 미래로 나아갈 수 있기를 간절히 기원한다.

제1부
고대철학

본질인가 현상인가, 밀레토스 학파

흔히 사람들은 겉으로 드러난 현상에만 주목하는 경향이 있다. 그러나 그러한 현상은 그리 오래 가지 못하며, 결국 본질에 의해 대체되기 마련이다. 그래서 참다운 진리를 추구했던 철학자들은 현상보다 본질 연구에 힘썼다. 우리가 고대 그리스 민족 가운데 밀레토스 학파를 철학의 출발점으로 삼는 것 역시 그들이 현상 자체보다는 사물의 본질에 집중했기 때문이 아닐까?

밀레토스는 이오니아(Ionia) 족이 건설한 열두 개의 도시 중 가장 남쪽에 위치하고 있던 도시다. 여기에서 학파의 이름이 유래하는데, 요컨대 밀레토스를 중심으로 몇 사람이 비슷한 사상을 형성했다는 뜻이다.

탈레스

가장 먼저 등장하는 탈레스(Thales)는 아리스토텔레스가 '철학의 아버지'라고 부른 사람이다. 그는 하나의 근본물질을 물이라 보았으며, 만물은 물에서 생겨 다시 물로 돌아간다고 했다. 물은 모든 생물의 씨 속에 들어있으며, 어떤 생명체도 물이 없으면 바로 죽고 만다. 또 물은 그 양이 엄청나게 많으며, 없어지지도 않는 데다 날씨마저도 지배한다. 이러한 이유들로 인해 탈레스는 물을 가장 중요한 물질로 본 것 같다.

또 현대의 어떤 역사가는 "그리스(희랍) 철학은 기원전 585년 5월 28일 시작되었다"고 간결하게 표현했는데, 이 날은 탈레스가 예언한 일식날이었다. 탈레스는 일식을 정확하게 계산하는 데 성공했으며, 태양은 그가 예언한 그 날 실제로 어둠에 싸이며 그의 명예를 한층 더 높여주었다. 그러나 탈레스가 일식을 예언했다고 해서 그 예언이 독창적인 것은 아니라는 주장이 있다. 그가 살던 밀레토스는 당시 바빌론과 문화적인 교류를 하던 리디아와 동맹을 맺고 있었다. 그런데 바빌론의 천문학자들은 일식이 대체로 19년을 주기로 반복된다는 사실을 이미 알고 있었다. 따라서 대부분의 밀레토스 학자들은 이 사실을 알고 있었을 것이라 짐작할 수 있다.

또 탈레스는 이집트로 여행을 했으며, 그곳에서 기하학을 배

에게 문명

워 그리스에 보급시켰다. 이 때문에 육지에 있는 두 관측 지점에서 바다 위에 떠 있는 배까지의 거리를 계산하는 방법이나 피라미드의 높이를 그림자의 길이로 추산해내는 방법도 발견해낼 수 있었다.

위 지도에서 보듯, 밀레토스와 이집트 사이에 끼어 있는 섬나라 크레타(Crete)에는 기원전 1600년 무렵 이미 그 유명한 크레타 문명이 성립되어 있었다. 강력한 전제군주의 주도 하에 전성기를 구가한 이 눈부신 문명은 크노소스에 있는 미노스((Minos) 궁전[1])을 통해 그 발전상을 짐작해볼 수 있다. 이 궁전은 채광과

배수 시설을 갖춘 800여 개의 방을 가진 거대한 규모로, 궁전 내부에서는 화려하고 사실적인 벽화와 아름다운 도자기, 여러 가지의 금은 세공품들이 발견되었다.

이어 크레타 문명이 쇠퇴하고, 미케네 문명 시대가 도래한다. 이들이 바다를 건너 소아시아로 진출해 동지중해 일대의 해상 무역을 장악하는데, 이 과정을 담은 내용이 트로이 전쟁 이야기다. 그러나 청동기 문명에 머물러 있던 미케네 역시 철기로 무장한 도리아인에게 패퇴하였고, 이 과정에서 고대 그리스 세계는 무역이 끊어지고 문자 기록도 남아 있지 않은, 이른바 암흑시대를 맞이한다.

물론 이 시기의 상황에 대해 우리는 호머의 『일리아드』나 『오디세이』를 통해 당시의 형편을 짐작해 볼 수 있지만, 탈레스가 물을 원소로 주장했다는 데 대해 정확한 증거가 없다거나 그의 생존 자체에 대해 의심하는 학자도 있다. 그럼에도 불구하고 현재까지 나온 학설로는 그가 최초로 철학적 사색을 시도한 인물로 되어 있다.

어쨌거나 탈레스가 '철학의 아버지'라고까지 불리게 된 것은 물이라고 하는 근본물질을 주장했기 때문이다. 즉, 변화무쌍한 현상의 배후에서 그것들을 생겨나게 하고, 변화 운동하게 하는 가장 근본적인 요소를 발견해 노력했기 때문이라는 것이다. 이러한 탈레스의 생각에 적극 찬성한 두 철학자가 있다.

아낙시만드로스와 아낙시메네스

먼저 아낙시만드로스는 세계의 근본원리와 모든 존재의 원인을 '어떤 불확정적이고 무한정한 것'으로서의 '아페이론(apeiron, 무한자)'에서 찾았다. 이는 불생불멸(不生不滅), 무시무종(無始無終), 불사(不死)의 신적인 성질로서 여기에서 차고 더운 것, 건조하고 습한 것이 분리되어 나온다는 것이다. 물론 이 개념 자체가 워낙 애매모호해 그 실체를 상상하기조차 어렵지만, 아낙시만드로스는 스승 탈레스의 철학 태도를 본받고 있는 것처럼 보인다.

아낙시만드로스의 제자 아낙시메네스는 아르케(Arche)[2]를 공기로 보았다. 그는 공기의 농축(뭉침) 또는 희박화(엷어짐)에 의한 자연현상의 변화를 설명했는데, 공기가 뭉쳐지면 온도가 내려가 바람, 구름, 흙, 돌과 같은 것이 되고, 엷어지면 온도가 올라가 불이 된다는 것이다.

가령 추운 겨울날 우리가 입을 크게 벌려 천천히 내뿜으면 따뜻한 바람이 나오고, 뜨거운 음식을 식히고자 할 때 입을 뾰족하게 만들어 숨을 한 곳으로 집중함으로써 찬바람이 나오게 하는 원리와 같다고 생각하면 될 것 같다. 말하자면, 공기가 엷어지게 하면 온도가 올라가고, 공기가 뭉쳐지게 하면 온도가 내려가는 것이다. 그리고 모든 물체는 온도가 올라가면 녹고 풀어지는 반면, 온도가 내려가면 딱딱해져 고체가 된다. 이처럼 공기의 양에 따라 우주 만물은 생성되거나 소멸되기 때문에 공기야말로 아르케라는 것이다.

아낙시메네스가 공기를 세계의 근본물질로 본 것은 모든 생명체에게 공기가 필수적이라는 사실과도 연관이 있다. 모든 동식물에게 공기는 필수불가결의 요소이며, 물보다도 시급한 요소다. 나아가 아낙시메네스는 이 공기를 물질적인 요소 이외에 생동하게 숨 쉴 수 있는 영혼까지 포함하는 어떤 것으로 보았다.

밀레토스 학파의 철학사적 의의는 첫째, 모든 선입견을 버리고 자연과학적 사상에 입각해 문제에 접근하려 했다는 자세다. 오늘날에도 벼락을 맞아 죽은 사람에 대해 '천벌을 받은 것이 아닐까' 고개를 갸웃거리는 사람이 있는데, 하물며 지금으로부터 2,500여 년 전에 그처럼 합리적이고 과학적인 사고를 했다는 것은 놀라운 일이다.

둘째, 현상세계의 여러 가지 모습을 하나의 근본원리로 설명하려고 한 대담성이다. 철학은 여러 말을 장황하게 하는 것이 아니다. 철학은 다양한 이 세계를 하나의 원리로 설명하는 것이다. 헤겔이 '정신' 하나로 인간과 자연과 역사를 설명해내어 위대한 관념론자가 되고, 마르크스가 '물질'로 그러한 것들을 해석해냄으로써 유물론의 대표자가 되었듯 말이다. 현상보다 본질에 주목하는 것, 바로 그것이 철학하는 사람의 자세 아닐까?

변하고 있는가 고정되어 있는가, 헤라클레이토스와 파르메니데스

이 세상은 끊임없이 변하고 있는가, 늘 그대로인가? 이 질문에 대해 대부분의 사람들은 '변하고 있다'고 대답할 것이다. 왜냐하면 그것이 우리 눈에 보이는 세상의 모습이기 때문이다. 그러나 조금만 더 깊이 들여다보면 반드시 그렇지만도 않다는 데 문제가 있다.

헤라클레이토스

소아시아 연안 에페소스에서 명문가의 자손으로 태어난 헤라클레이토스(Heracleitos)는 "만물은 유전(流轉)할 뿐 정지된 것은 없다"고 했다. '모든 것은 흐르고 변할 뿐'이라는 그의 사상은 '우리가 두 번 다시 같은 물결을 탈 수 없다'는 주장으로 뒷받침된다. 즉, 우리가 흘러가는 물속에 발을 담갔다 꺼내어 다시 집어넣으면 그 물은 애초의 물이 아니다. 처음의 물은 이미 하류로 흘러갔고, 현재의 물은 상류에서 내려온 물이기 때문이다. 그보다 더 중요한 것은 우리 자신이 이미 다른 사람으로 변해 있다는 사실이다. 시간은 모든 것을 변하게 만든다. 여기까지는 매우 상식적이다.

그러나 철학자라는 이름에 걸맞게 헤라클레이토스는 끊임없이 변하는 표면의 뒤에 가려진 어떤 단일성, 즉 통일적 법칙을 투시하고 있었다. 그는 만물의 근본물질을 불로 보았으며, 그 불을 바탕으로 발전해나가는 근본법칙을 대립의 통일로 설명한 것이다. 헤라클레이토스는 이상야릇한 불의 변화를 가지고 자연의 순환운동을 설명하려 했으며 "상품이 황금의 교환물이고, 황금이 상품의 교환물인 것과 마찬가지로 불은 만물의 교환물이고, 만물은 불의 교환물"이라고 말했다.

그런데 이 불은 아낙시메네스가 말한 공기에서와 마찬가지로 물질적인 불만을 의미하는 것이 아니고, 신적인 원질(原質)이자 인간의 영혼 속에도 담겨 있는, 그러한 의미의 불이기도 하다. 사람이 죽으면 혼불이 나간다고 믿는 사람들이 있었다. 여기서 말하는 '혼불'이란 영혼을 가리킨다고 볼 수 있으니, 이 역시 정신과 물질이 분리되기 이전의 의식 상태에서 나온 결과로 생각된다.

불이라는 기본 에너지를 바탕으로 끊임없이 발전해 가는 근본법칙은 대립의 통일이다. 이 세상의 모든 발전은 대립적인 여러 힘이 만들어내는 화합을 통해 이루어진다. 우리는 낮과 밤, 겨울과 여름, 전쟁과 평화 사이의 조화 가운데 살고 있으며 이념 대 이념, 인간 대 인간, 계급 대 계급, 민족 대 민족 사이의 투쟁을 통한 조화로 세계가 유지되어 간다. 이러한 의미에서 헤라클레이토스는 "싸움이야말로 만물의 아버지이자 만물의 왕"이라고 한 것이다.

그러나 여기까지가 헤라클레이토스의 한계다. 그는 작은 범위 안에서 불변의 법칙성을 인정했을 뿐, 큰 틀에서는 변화를 받아들였다. 반면 아주 큰 틀에서조차 이 세계가 고정되어 있다고 주장한 철학자가 있었으니, 그가 바로 파르메니데스(Parmenides)다.

서양철학에는 두 가지 서로 다른 흐름이 있다. 하나는 생성과 변화를 강조하는 것으로 헤라클레이토스의 만물유전 사상에서 유래한 것이고, 다른 하나는 파르메니데스에서 비롯된 것으로 고정된 존재에만 집착하는 것이다.

파르메니데스

파르메니데스가 속해 있던 학파의 이름은 엘레아(Elea)학파다. 엘레아는 이탈리아 서해안에 자리한 그리스인의 식민도시였다. 이곳에 영구불변의 존재에 관해 서로 비슷한 생각을 가진 세 사람의 철학자가 있었는데, 크세노파네스(Xenophanes)는 이 학파의 선구자에 해당하고, 파르메니데스는 창설자이며, 제논(Zenon)은 이를 발전시킨 사람이다.

크세노파네스는 고대 그리스 신화에 등장하는 신들이 자기중심적인 사고에서 벗어나지 못한 인간의 작품이라 보았다. 신도 인간과 똑같은 모습을 하고, 똑같이 행동하는 것으로 착각해 그런 모습을 그린 것이라는 설명이다. 최고 존재로서의 신은 개념상 오직 하나일 수밖에 없는데, 오직 하나인 신이 어떻게 여러 가지 모습으로 나타날 수 있느냐고 그는 묻는다. 따라서 신화에 등장하는 신의 모습은 인간의 어리석은 상상력이 만들어 낸 인간화한 신의 모습일 뿐이라는 것이다. 이러한 이유로 신은 오직 하나이며(유일신), 이 신에 대해 우리는 확실한 지식을 가질 수 없고(불가지론), 신은 우주 전체의 통합자와 같다(범신론)[3].

그리고 여기에서 불변의 존재에 관한 사상이 등장하는데, 이러한 크세노파네스의 사상을 보다 발전시킨 사람이 파르메니데스다. 그는 '존재만이 있고 무(無)는 있을 수 없다'고 주장했다. 그는 이러한 입장에서 운동과 변화를 부정한다. 모든 운동은 운동할 수 있는 공간인 운동장이 있어야 하는데, 아예 그 공간으로서의 무가 배제되기 때문에 운동 자체가 불가능하게 된다. 다시 말하면, 무가 없으므로 운동이나 그에 따른 변화가 있을 수 없다는 것이다.

그는 왜 그토록 존재(有)에 집착했을까? 그는 세상 사람들을 혼돈에 빠뜨리는 모든 궤변은 결국 '있는 것을 없다 하고, 없는 것을 있다' 하는 데 그 원인이 있는 것으로 파악했다. 그래서 존재하는 것을 존재한다고 하고, 없는 것을 없다고 확실하게 해두는 것이 시급한 과제라고 생각했다. 물론 파르메니데스는 경직된 사고를 하고 있다는 비판을 받기도 한다. 변화무쌍한 자연과 인간사회에 있어서 생성을 거부하고 존재만을 부둥켜안고 있는 그의 모습은 고집스럽고 딱딱하게 보이는 게 사실이다.

이러한 비판에 대항해 파르메니데스의 제자이자 후계자인 제논은 스승의 학설을 철저한 변증법적 논증에 의해 옹호했다. 그는 자기 스승의 이론을 옹호하기 위해 몇 가지 예를 들고 있다. 먼저 '아킬레스와 거북의 경주'다. 아킬레스는 『일리아드』에 나오는 그리스의 영웅으로, 막 태어났을 때 그 어머니가 '불사(不死)의 물'에 집어넣었다가 건졌다고 한다. 그러므로 전쟁에서 칼이나 화살을 맞아도 죽지 않았고, 그래서 많은 공을 세울 수 있었다. 하지만 그의 유일한 약점인 발꿈치에 화살을 맞고 죽었다고 한다. 그런데 이 건장한 아킬레스와 느림보의 대명사인 거북이 경주를 했을 때, 아킬레스가 거북을 따라잡을 수 있을까 하는 문제가 있다.

상식적으로는 당연히 따라잡을 수 있을 것으로 생각된다. 그것도 단숨에. 하지만 제논은 만일 아킬레스보다 거북이 먼저 출발했을 경우, 아킬레스는 거북을 결코 따라잡지 못한다고 주장한다. 거북이 아킬레스보다 10미터 앞에서 출발했다고 가정했을 때, 아킬레스가 거북을 따라잡기 위해서는 먼저 거북이 있는 지점까지 와야 한다. 그런데 그 순간 거북은 조금이라도 앞으로 나아간다. 다시 아킬레스가 거북의 지점까지 오면, 그 순간 거북은 조금 앞으로 나아간다. 이런 식으로 하면 둘 사이의 거리는 가까워질 수 있지만, 지구를 한 바퀴 돌아도 완전히 따라잡을 수는 없다. 제논은 이 예를 통해 아킬레스와 거북의 관계에 아무런 변동이 없다는 것, 그래서 운동이나 변화가 있을 수 없음을 보여주고자 한 것이다.

두 번째 예는 '날아가는 화살은 정지해 있다'는 것이다. 흔히 시위에서 떠난 화살은 날아간다고, 즉 움직인다고 생각한다. 하지만 제논은 이 화살이 전혀 움직이지 않고 있다고 주장한다. 왜냐하면 날아가는 순간순간을 하나씩 떼어 관찰할 경우, 공간 내의 일정한 지점을 차지하고 있는 이 화살은 각 순간마다 정지해 있는 것과 마찬가지다. 그리고 정지해 있는 각 지점을 연결해보아야 그것은 전체적으로 정지한 화살인 셈이다.

세 번째 예는 걸음과 관련되어 있다. 우리가 걷는 일정한 거리의 모든 구간들은 무수히 많은 작은 부분으로 나누어진다. 가령 1미터를 100으로 나누면 100개의 지점이 그 안에 있게 되고, 그 지점들을 다시 100으로 나누면 1만 개의 지점이 있게 되는 식이다. 따라서 이 무한한 지점들을 통과한다는 것은 '유한자'인 인간으로서 불가능한 일이며, 그래서 운동이란 있을 수 없다는 것이다.

그러나 이러한 주장에는 분명 억지스러움이 있다. 현실적으로 아킬레스는 거북을 금방 따라잡는다. 그리고 시위대를 떠난 화살은 날아가고 있는 것이 사실이다. 왜냐하면 시간이란 지속적인 흐름에 의해 이루어진 것이지, 결코 뚝뚝 끊어지는 점들로 엮인 것이 아니기 때문이다. 걸음의 경우에도 무한히 많은 작은 부분이란 사고 속에서는 가능할지 몰라도, 현실 세계에서는 그렇지 않다.

물론 제논 자신도 이러한 주장이 현실적으로 들어맞지 않음을 잘 알고 있었을 것이다. 그럼에도 그가 억지에 가까운 예를 든 것은 무엇 때문이었을까? 그것은 스승인 파르메니데스에 반대하는 사람들에게 똑같은 논리로 그들 자신의 입장에 대해 얼마든지 반박할 수 있음을 보여주기 위한 것이었으리라 짐작된다.

그렇다면 과연 파르메니데스의 진정한 생각은 어떤 것이었을까? 이 세상이 고정되어 있다는 주장은 어디에서 나오는 것일까? 가고 오는 세대마다 서로 다른 사람들이 등장하지만, 그 본질을 들여다보면 모두 같다. 어느 시대에나 눈을 뜨자마자 선을 궁리하는 사람이 있고, 악을 도모하는 자가 있다. 소크라테스 시대에도 기성세대와 신세대 사이에는 갈등이 있었고, 현대 사회에서도 시어머니와 며느리의 생각은 다르기 마련이다. 사람은 교육을 받아야 '사람'이 되고, 하루 세 끼 밥을 먹고 살다가 언젠가는 반드시 죽게 되어 있다. 2천 년 전과 달라진 게 무엇인가?

진리는 상대적인가 절대적인가, 소피스트와 소크라테스

진리는 시대상황 또는 각 나라나 사람에 따라 달라지는가? 아니면 시대 및 국가를 초월해 항상 동일한가? 진리를 따르고자 하는 사람들이 늘 고민하는 문제인데, 여기에서도 진리란 상대적이라고 주장하는 사람과 절대적이라 믿는 사람이 갈라진다. 전자에는 소피스트(Sophist)가, 후자에는 소크라테스(Socrates)가 속해 있다. 그리고 이들이 등장하는 시대는 철학사적으로 서양 고대철학의 제2기에 해당한다.

이때의 철학은 당시 그리스의 수도였던 아테네를 중심으로 전개된다. 페르시아 전쟁 이후, 자연을 대상으로 한 자연철학 대신 인간의 문제, 특히 정신의 문제가 철학의 중심 주제로 등장했다. 외부 자연에 골몰하던 철학자들이 마침내 자기 자신에게로 시선을 돌린 셈인데, 마치 어린아이가 처음에는 주변의 사물이나 타인에게 관심을 집중하다가 성장하면서 점차 스스로에게 주목하는 것과 같다고나 할까?

소피스트

소피스트의 등장에는 페르시아 전쟁이라는 역사적 사건이 자리하고 있다. 먼저 페르시아 전쟁에 대해 알아보자.

기원전 6세기 후반, 그리스인들은 소아시아 해안의 여러 곳에 흩어져 각기 자유로운 도시를 세워 살고 있었다. 그런데 오리엔트에서 가장 큰 제국을 건설한 페르시아의 세력이 서쪽까지 뻗어옴으로써 원치 않는 지배를 받게 되었다. 자유가 억압되고 무역활동이 억제되자 밀레토스를 중심으로 페르시아에 대항하는 반란이 일어났다. 반란은 곧 진압되었다. 그러나 이들 도시들이 원조를 청했을 때, 아테네가 군함 20척을 파견했다는 구실을 잡아 페르시아는 드디어 그리스 원정을 시작한다.

기원전 492년 다리우스 1세는 해륙 양면으로 그리스 본토를 공격, 트라키아 해변을 점령했다. 그러나 폭풍으로 인해 함선 300척이 파선되고, 군사 만여 명이 물에 빠져 죽자 원정을 일단 중지시켰다. 2년 후, 다리우스 1세는 제2차 원정군을 파견했다. 그는 아테네를 직접 공격하기 위해 아테네 북동쪽 26마일 지점의 마라톤(Marathon) 평원에 도착했다. 이때 아테네의 총사령관 밀티아데스는 병력이 우세한 적과 평야에서 싸우면 적의 기병에게 당할 것을 알고, 마라톤에서 아테네로 통하는 골짜기에 진을 치고 있다가 기습공격을 가함으로써 대승을 거둔다.

복수심을 키우던 다리우스 1세는 다시 그리스를 공격하기 위해 많은 준비를 하다가 갑자기 죽고 만다. 그러자 그의 뒤를 이은 크세르크세스 왕자가 아버지와 똑같은 생각으로 전쟁 준비에 박차를 가한다. 한편 아테네에서는 밀티아데스가 실각하고 테미스토클레스가 등장하는데, 테미스토클레스는 마침 생산되어 나오는 은으로 함대를 건조하기 시작했다. 그리고 기원전 481년, 아테네와 스파르타를 비롯한 그리스의 도시국가들은 외부의 적을 공동으로 물리치기 위해 동맹을 맺는다.

그리고 기원전 480년 봄, 페르시아 군대 30만의 대군이 육군과 해군으로 나뉘어 침략해왔다. 이에 테미스토클레스는 대군과 넓은 데서 싸우는 것은 불리할 것을 알고 육지에서는 테르모필레라는 골짜기, 바다에서는 아르테미시온이라는 곳을 결전의 장소로 꼽았다. 테르모필레 골짜기에서 절대 다수인 페르시아 육군은 한꺼번에 많은 군사를 보낼 수 없는 좁은 길 때문에 전진에 어려움을 겪었다. 이때 상금에 욕심을 낸 그리스 농부가 페르시아군을 찾아가 그리스군의 뒤로 돌아갈 수 있는 샛

길을 알려주었다. 불시에 공격을 받은 그리스군은 용감하게 대항했으나 결국 전멸하고 말았다.

테르모필레의 패전 소식을 전해들은 아테네인들은 제우스의 아들이자 올림퍼스 신들의 총의를 대변하는 아폴론 신에게 호소하기 위해 델포이(Delphi)로 달려갔다. 이때 무당을 통해 아폴론이 들려준 신탁은 "세계의 끝까지 도망칠 수 있을 때까지 도망쳐라. 오직 목성(木城)에만 의지할지어다"라는 것이었다. 이 말에 그리스군의 사기는 크게 떨어졌다.

그러나 테미스토클레스는 '시민들을 대피시켜 나무로 만든 함선으로 적과 대결하라'는 뜻으로 해석했다. 그는 부지런히 배를 만드는 한편, 아테네의 시민들을 모두 도시에서 철수시켜 노약자와 부녀자들은 살라미스(Salamis) 등으로 피난을 떠나게 하고, 남자들은 모두 함선에 올라 때를 기다리게 하였다. 의기양양하게 아테네에 들어온 페르시아군은 텅 빈 도시를 보고 화가치밀어 곳곳에 불을 질렀다. 멀리서 이 모습을 지켜보던 그리스군사들은 두 주먹을 불끈 쥐며 승리에 대한 결의를 다졌다.

살라미스의 좁은 수로 안에서 기다리던 그리스 해군들은 공격해 들어오는 페르시아 해군을 맞아 최대의 속력으로 함선의옆구리를 들이받음으로써 혁혁한 성과를 거두었다. 그리고 이튿날, 태풍이 불자 재빨리 바다 협곡 깊숙한 곳으로 숨었고, 움직이지도 못한 페르시아 해군은 태풍에 휩쓸려 4분의 3이 물에

수장되고 말았다. 이 장면을 해안에서 지켜보던 페르시아 왕은 급히 육군을 이끌고 본토로 돌아가고 말았다. 20여 년에 걸친 대전쟁은 이렇게 그리스의 승리로 막을 내린다.

마라톤 전투와 살라미스 해전으로 인해 아테네는 그리스 도시국가 가운데 지도적인 위치를 차지하게 되었고, 아테네를 중심으로 기원전 477년에 델로스 동맹이 맺어진다. 그런데 이 동맹에 가입한 여러 도시국가들의 공납금이 에게 바다 중앙에 있는 작은 섬 델로스의 아폴로 신전에 보관되고, 동맹회의도 이곳에서 열리게 되었다. 이 모든 일을 관장하는 아테네의 힘은 그렇게 날로 커져갔다.

이 무렵 정권을 잡은 페리클레스는 안전을 이유로 델로스 금고를 아테네로 옮겨놓고, 페르시아와 화해조약을 맺는다. 형편이 이렇게 되자 델로스 동맹 가입 도시국가들이 굳이 공납금을 바쳐야 할 이유가 없어졌다. 그럼에도 페리클레스는 계속 이를 강요했고, 이에 따르지 않을 경우는 가차 없이 무력으로 진압했다. 하나의 제국으로 부상하면서 일구어낸 풍부한 재력을 바탕으로 아테네는 민주정치와 문화를 발전시켜 나갔다. 아테네는 동맹 도시국가들이 바친 돈으로 시민들의 생활비를 보조했고, 파르테논 신전 등의 큰 건축물들을 만들었다. 그리고 각 도시국가에 민주정치를 보급하는 한편, 그리스 여러 곳에 흩어져 있는 학자들을 불러들여 문화의 중심지로 삼았다.

이렇게 아테네는 정치, 문화의 중심지가 되었다. 시민들은 풍요로운 생활 속에서 부와 사치를 마음껏 누렸는데, 물질적 만족감에 이어 높은 교양을 쌓고자 하는 정신적 욕구도 팽배했다. 또 민주주의의 발달로 국민의회나 재판소에서 자기의 논지를 되도록 정확하고 유창하게 전달할 필요성이 제기되었다.

이러한 시대적 상황에 부응해 이 도시에서 저 도시로 떠돌아다니면서 여러 가지 언어 기술과 능력을 가르치는 지식인 그룹이 있었다. 그들은 스스로를 '지혜의 스승'이라는 의미를 가진 '소피스타이(Sophistai)'라고 불렀다. 그래서 우리는 그들을 '소피스트' 혹은 '궤변론자'라고 부르는 것이다. 그들은 철학자라기보다는 실천가로 불려야 마땅하며, 이론적 인식에는 별다른 가치를 부여하지 않았다. 그들은 '어차피 옳고 그름에 대한 객관적 기준이 없는 바에야, 어느 편이 더 재치 있게 자기의 입장을 주장해 뜻을 관철시키느냐에 달려있다'고 믿었으며, 인간의 행위 역시 어느 쪽이 더 큰 성과를 올리느냐에 따라 선악이 구별된다고 주장했다. 그들에게는 오직 강자의 권리(이익)만이 인정될 뿐이었다.

그들은 첫째, 진리와 정의에 대한 객관적 가치기준을 부인했다. 둘째, 학습의 대가로 적지 않은 돈을 받았다. 플라톤이 주도한 투쟁의 결과로 인해 우리는 그들에 대해 그리 좋지 않은 인상을 갖게 된 것이 아닌가 싶다. 특히 플라톤의 경우, 자신의 스승인 소크라테스와 항상 대립적 관계에 있었던 소피스트들에 대해 부정적으로 묘사할 수밖에 없었을 것이고, 우리가 접할 수 있는 자료는 대부분 플라톤의 저작들이기 때문에 무엇보다도 이 마지막 요인이 크게 작용했을 수 있다. 그러나 소피스트들의 주장에도 새겨들을 부분이 있어 정리해보고자 한다.

먼저 프로타고라스(Protagoras)는 '인간 척도론'의 제창자로 유명하다. 그에 의하면, 인간은 만물의 척도다. 보통 사람들은 진리의 기준을 사물에 둔다. 백묵의 색깔은 항상 하얗다고 여기는 경우이다. 그러나 황달에 걸린 사람의 눈에는 그 백묵도 노랗게 보일 것이다. 황달에 걸린 사람에게 그것이 노랗지 않다고 말할 권리는 아무에게도 없는 것이다. 건강할 때는 하얗게 보이는 것이 진리이고, 황달에 걸려 있을 경우에는 노랗게 보이는 것이 진리다. 이처럼 진리의 척도는 사물이 아니고, 그것을 받아들이는 인간이다. 그리고 같은 사람이라도 그가 어떤 처지에 있는가에 따라 달라질 수밖에 없다. 그러므로 '인간 척도론'에서의 '인간'이란 보편적인 인간이 아니고, 때마다 제각기 자기 나름의 주장을 펴는 개별적인 인간을 가리킨다. 또 같은 사람이라도 그가 어떠한 구체적 상황 속에 있느냐에 따라 달라진다.

소피스트들이 갖는 철학사적인 의의는 첫째, 자연에 대한 관심을 인간의 문제로 전환시켰다는 점을 들 수 있다. 이전의 철학자들은 '우리를 둘러싼 자연과 이 세계의 근본물질이 무엇인가?'에만 관심을 기울였는데, '인간이 만물의 척도'라고 하는 프로타고라스의 주장에서 처음으로 인간이 철학의 중심문제로 떠올랐다. 둘째, 인식의 조건과 가능성 및 그 한계에 대한 비판이 가해졌다. 고르기아스(Gorgias)[4]의 회의주의적 방법은 인간이 과연 무엇을 얼마만큼 알 수 있으며, 어떻게 인식이 이루어지는가에 대해 비판적 안목을 갖게 했다. 그리고 이러한 인식론적 문제는 후에 로크나 칸트에 의해 본격적으로 다루어지게 된다. 셋째, 소피스트들은 진리에서와 마찬가지로 도덕에 있어서도 절대적인 기준이 없다고 말함으로써 윤리학적 논쟁을 불러일으켰다.

소크라테스

진리가 상대적이라고 보는 소피스트들에 대해 소크라테스는 언제 어디서나 타당한 진리가 있음을 주장한다. 소크라테스는 아테네 출생으로, 조각가인 아버지와 산파인 어머니 사이에서 태어났다. 전체적으로 추남에 가까웠지만, 신체만은 건강한 편이어서 추위나 더위에 대단한 인내력을 발휘했고, 밤새워 술을 마시고도 끄떡없었다고 한다. 그는 일찍부터 부친이 종사하던 직업이나 가족을 등한시하고, 후진 양성에만 전념했다. 누추한 옷차림을 한 그의 뒤에는 항상 많은 제자들이 따르고 있었는데, 무보수로 이들을 가르쳤고 대개 저녁 한 끼로 만족했다. 그의 아내 크산티페가 그를 비난한 일은 하나의 전설처럼 되어 있지만, 가장의 의무를 소홀히 한 소크라테스와 관련해 보건대 악처의 대명사인 그녀에게도 우리는 충분히 동정의 눈길을 보낼 수 있을 것이다.

산파술

소크라테스의 교육방법은 질문과 응답을 통한 대화형식으로 진행되었는데, 처음에는 쉽고 단순한 문제에서 시작해 점차 심오한 문제로 파고 들어갔다. 그리하여 결국 상대방으로 하여금 자기의 무지를 인정하지 않을 수 없게 만드는 것이다. 이처럼 물음을 던짐으로써 스스로 무지를 깨닫도록 만드는 방법을 '소크라테스적 반어법'이라고 부른다.

또 진리 산출에 도움이 되는 문답법을 소크라테스의 '산파술(産婆術)'이라고도 부르는 바, 이는 그 어머니의 직업에서 따온 것으로 여겨진다. 산파는 산모가 아이를 낳을 때 옆에서 도와주는 역할만 할 뿐이지, 출산이 더디다고 해서 산모 대신 아이를 낳아줄 수는 없다. 아무리 고통이 크더라도 산모 자신의 힘으로 아이를 낳아야 한다. 마찬가지로 '진리'라는 옥동자는 배우는 사람 스스로에 의해 산출되는 것이지, 스승이 대신 낳아줄 수 없다. 말을 물가로 끌고 갈 수는 있으나, 억지로 물을 마시게 할 수 없는 것과 같은 이치다. 이처럼 소크라테스는 인간 스스로의 자발적 사유작용에 의해 절대적 진리로 나아가는 길을 제시해 주고자 했다.

무지의 지

소크라테스의 친구 가운데 한 사람이 델포이 신전에 가서 아폴론 신에게 신탁을 구한 결과, '아테네에서 소크라테스보다 현명한 자는 없다'는 내용을 듣게 되었다. 평소 무지한 자로 자처하고 다녔던 소크라테스인지라 이 말을 전해 듣고 깜짝 놀라 이름난 현자들을 방문했다. 그들은 현명한 척 많은 말을 했지만, 진실로 아는 것은 아무 것도 없었다. 더구나 자신들이 무지하다는 사실조차 모르고 있었다. 이에 비해, 신전 양쪽 기둥 밑에 새겨진 비명(碑銘) 가운데 '너 자신을 알라'를 외고 다녔던 소크라테스는 항상 자신이 무지하다고 생각했다. 바로 이것이 신으로 하여금 그를 아테네에서 가장 현명한 자로 지칭하게 만든 원인이었다. 그는 현자들보다 적어도 한 가지는 더 알고 있었던 셈이다. 현자로 자처한 사람들의 입장을 '무지의 무지'라고 한다면, 소크라테스에 대해서는 '무지의 지'라 말할 수 있겠다.

모든 진리는 무지를 자각하는 사람에게서만 파악된다. 진정한 진리는 그 앞에서 겸손한 자에게만 나타난다. 자신의 무지를 자각한 사람만이 지혜를 사랑하게 되고, 애지자(愛智者)만이 영혼을 잘 가꾸어 진정한 행복에 도달할 수 있다. 절대적 진리 앞에 겸손히 무릎을 꿇는 현자의 모습, 그것이 소크라테스를 통해 우리가 얻게 되는 철학자의 이미지가 아닐까 싶다.

소크라테스의 죽음

소크라테스는 청년들을 부패하게 하고, 국가가 지정한 신 대신 새로운 신을 믿는다는 당치도 않은 죄목으로 고소를 당한다. 평소 자신이 옳지 않은 일을 하고자 할 때는 그것을 반대하는 내면의 양심의 소리(Daimon)⁵⁾를 듣곤 했는데, 이를 두고 아테네 시민들은 그가 새로운 신을 믿는 것으로 매도한 것이다.

그러나 실제로는 소크라테스의 정치적 기반이 허물어졌다는 사실이 더 중요할지 모른다. 상업적 문화도시 아테네와 군국적 농업국가 스파르타 사이에 동족상잔의 펠로폰네소스 전쟁⁶⁾이 일어났고, 이 전쟁에서 스파르타가 승리하자 아테네에는 스파르타식의 귀족정치, 과두정치가 수립되었다.

에게 바다 주변이 평화로워지자 아테네와 스파르타는 서로 반목하기 시작했다. 마침 아테네의 압박을 받던 코린트가 스파르타에 원조를 부탁하자, 스파르타는 이를 구실로 삼아 아테네에 선전포고를 하고 아티카 지역으로 진군해 들어갔다. 이에 맞서 아테네인들은 이미 준비해둔 성벽 안으로 피신하고는 해군력으로 적을 공격했다. 그러나 마침 전염병이 나돌아 전체 인구의 4분의 1이 줄어든 데다, 지도자 페리클레스마저 전염병으로 세상을 떠나자 아테네는 흔들리기 시작했다.

이때 권력을 잡은 페리클레스의 조카이자 소크라테스의 제자이기도 한 알키비아데스가 스파르타와 가깝다고 여겨지는 시칠리아 섬의 시라쿠사를 3년 동안 공격했으나 실패하고 말았다. 패전의 책임자인 알키비아데스는 아테네에서 추방되었는데, 그는 스파르타로 도망해 그 나라를 돕는 이적(利敵) 행위를 일삼았다.

어쨌든 이 좋은 기회를 틈타 스파르타는 아티카 지역의 교통 요지인 데켈레아를 점령해 아테네의 식량 배급로를 차단했다. 사정이 이렇게 돌아가자 아테네의 동맹국들이 하나둘 등을 돌리기 시작했고, 마침 이오니아 지역을 되찾으려는 페르시아까지 스파르타에 가세했다. 다급해진 아테네는 전쟁의 책임을 물어 추방했던 알키비아데스를 다시 받아들여 전쟁을 수행하게 했다. 알키비아데스는 몇 차례 이기기도 했으나, 노티움 해전에서 결국 패배하고 말았다.

이후 전열을 다시 가다듬은 스파르타 해군이 헬레스포스 지역의 아이고스포타미에서 아테네 해군을 격파하고, 아테네를 포위하고 있던 스파르타의 육군 역시 도시를 함락시켜 27년에 걸친 전쟁은 스파르타의 승리로 막을 내리게 된다.

30인의 참주로 구성된 스파르타의 과두정부는 정적들에 대한 대량 살육을 전개하였으니, 그 지도자였던 크리티아스는 아테네를 배반했던 알키비아데스와 마찬가지로 소크라테스의 제자였다. 그 후 트라시불루스의 지도 아래 기원전 402년부터 아테네에 민주정이 다시 회복되기 시작했으나, 이미 기반을 상실한 아테네가 다시 옛날과 같은 전성시대로 돌아갈 수는 없었다.

소크라테스는 바로 이 귀족주의적 정파에 이념적 무기를 제공하고 있었다. 그러나 또 한 차례의 정부 전복에 의해 민주주의자들이 권좌에 올라서게 됨으로써 그는 누명을 쓰고 고소를 당하기에 이른 것이다. 이밖에 서른 명의 참주들이 부당한 정치적 살인에 동조하라고 그에게 요구했지만, 이를 거절함으로써 그들에게 증오감을 심어주었다는 원인도 작용하고 있었다.

그러나 소크라테스는 재판정에서 누구에게 사과하거나 애원하지 않고, 오히려 시민들과 배심원들을 꾸짖다시피 하며 정의와 진리에의 길을 설파했다. 죽음에 대해서도 두려워하는 기색은 전혀 없었다. 여기에서 잠깐 소크라테스의 죽음관을 살펴보자.

그에게 죽음이란 육체로부터 영혼이 분리되는 것으로, 지혜를 추구하는 참된 철학자라면 육체적인 것으로부터 마땅히 해방되려 할 것이다. 육체는 영혼을 방해하는 일이 종종 있기 때문이다. 그래서 죽음이 다가올 때 회피하는 사람은 지혜를 사랑하는 자(愛智者), 즉 철학자가 아니고 고통과 죄로 얼룩진 육체를 사랑하는 자가 되고 만다.

그렇다면 우리가 자살이라도 해서 죽음을 택해야 하지 않겠는가? 그러나 소크라테스는 자살은 죄악이라고 말한다. 왜냐하면 인간의 신에 대한 관계는 짐승들의 인간에 대한 관계와 마찬가지로 주종(主從) 관계인데, 종이 주인의 허락도 없이 자살해 버린다면 그 주인이 무척이나 노여워할 것이기 때문이다. 자살은 신에 대한 반역이고, 따라서 그것은 범죄행위다. 그럼 어떻게 해야 할까? 열심히 살다 보면 언젠가 신이 부를 때가 있다. 우리는 신이 부를 때까지 기다렸다가 그의 허락이 있을 때 기꺼이 떠나야 한다. 만일 그때에도 삶에 집착한다면 올바른 태도가 아니다.

이러한 신념의 소유자인 소크라테스가 재판정에 섰을 때, 그는 이미 신의 부름을 받았다고 생각했는지도 모른다. 사형이 확정되자, 그는 피신을 권유하는 제자들에게 "악법도 법이다"라는 취지의 말로 단호히 거절했다. 감옥 안에서 소크라테스는 독약을 빨리 가져오도록 재촉한다. 독이 든 잔을 간수에게서 받아들고 그는 태연하게 기도를 올린다. 그리고 조용히 마셔버린다. 그러나 워낙 몸이 건강했던 까닭에 독이 빨리 퍼지지 않아 감옥 안을 거닐어야 했다. 그는 마침내 다리가 무겁다고 하면서 반듯이 드러누웠는데, 간수는 종종 그의 손과 발을 살펴보다가 발을 꼭 누르면서 감각이 있느냐고 물었다. 하반신이 거의 다 식었을 때, 소크라테스는 얼굴을 가린 천을 제치고 "오! 크리톤, 아스클레피오스에게 닭 한 마리를 빚졌네. 기억해두었다가 꼭 갚아 주게!"라고 부탁했고, 이것이 그의 마지막 말이었다.

여기에서 아스클레피오스는 사람이 아니라, 의약(醫藥)의 신 이름이다. 당시에는 어떤 사람이 병이 들었다 나았을 경우, 감사의 뜻으로 닭 한 마리를 바치는 풍습이 있었다고 한다. 그러므로 소크라테스의 마지막 말은 '인생의 모든 병에서 다 나았다'는 의미로 해석할 수 있겠다.

진리와 정의에로 향한 소크라테스의 철학정신 앞에 죽음은 결코 장애가 될 수 없었다. 인류정신에 커다란 발자취를 남긴 데는 살아생전 그의 독보적인 인품이 단단히 한몫했겠지만, 특히 그 죽음의 장면이 갖는 엄숙성에 기인한다고 해야 할 것이다.

소피스트들이 상대주의적이고도 회의주의적인 태도에 머물렀던 데 반해 소크라테스는 진리와 도덕에 대한 객관적이고도 절대적인 가치기준을 확신했다. 그리고 이것을 논리적인 방법으로 설파했다. 그는 현실세계에서 직접 응용할 수 있는 처세술보다는 인간의 본질과 정의로운 행위를 규명하는 데 온갖 노력을 기울였다. 윤리학에서도 행복주의에 머물기보다는 순수한 이상을 추구했다.

과연 진리는 상대적인가 절대적인가? 그리고 언제 어디서나 누구나 따라야 할 객관적 정의가 있는 걸까, 아니면 그때그때의 상황에 따라 대처하는 것이 옳은가? 이러한 질문은 아마도 인류의 역사가 지속되는 한 끊임없이 제기될 것이다.

전체인가 개인인가,
플라톤과 아리스토텔레스

그리스철학의 전성기에 해당하는 제2기는 인성론의 시기와 체계의 시기로 나눌 수 있는데, 전자에는 인간의 본질을 규명하고자 했던 소피스트, 소크라테스가 속해 있고, 후자에는 철학의 모든 영역에 있어서 거대한 체계를 수립하고자 했던 플라톤과 아리스토텔레스가 포함된다.

국가가 최고의 선이다 – 플라톤

플라톤은 아테네 명문가 출신으로 일찍부터 귀족 자제에 어울리는 교육을 받았다. 넓은 이마의 소유자인 그는 체격이 훌륭한 데다 그림 공부를 하기도 했으며, 서정시와 비극을 썼다고 도 한다. 원래 그는 정치가가 되려는 꿈을 갖고 있었다. 그런데 스무 살에 비극경연대회에 나갔다가 극장 앞에서 소크라테스 의 강연을 듣게 되었다. 강연을 통해 큰 감명을 받은 그는 가지 고 있던 비극 대본을 불태워버리고, 즉각 소크라테스를 따랐다. 그리고 전 생애를 바쳐 철학에만 전념하기로 결심하고, 21세부 터 28세까지 소크라테스를 스승으로 섬겼다. 하지만 스승에 대 한 부당한 판결과 죽음에 큰 충격을 받았다. 이후 민주주의 제 도 자체에 대해 회의적 입장을 취하기도 했다.

그는 한때 디오니소스 1세를 만나 자신의 윤리·정치적인 이 상들을 실현해보려고 애썼다. 그러나 이 전제군주는 너무나 약 하고 무절제했을 뿐만 아니라, 플라톤의 건의를 받아들이기는 커녕 오히려 그를 의심하기에 이르렀다. 마침내 음모에 걸려든 플라톤은 노예시장에 팔리고 말았는데, 이때 한 상인이 그의 몸 값을 치러줘 겨우 석방될 수 있었다.

플라톤은 아테네로 돌아와 그 돈을 갚으려 했으나, 상인이 돈 을 받지 않자 헤로스 아카데모스 신전 근처의 한 정원을 사들 여 교육기관을 세우고 무보수로 학생들을 가르쳤다. 이렇게 신 전의 이름을 따서 '아카데미아(Akademia)'라고 하는 유럽 최초의 대학이 세워졌다. 그의 강의는 너무나 유명해 심지어 귀부인들 도 남자 복장을 하고 들어와 강의를 들었으며, 어떤 농부는 밭을 갈다 말고 와 강의를 들었다고도 한다. 아리스토텔레스 역시 이곳에서 20여 년 동안이나 배웠다. 또 플라톤은 자신의 정치적 야망인 이상국가를 실현하기 위해 몇 차례 시칠리아 섬의 시라쿠사로 건너갔지만, 번번이 실패하고 말았다. 그래서 이후에는 오직 제자들을 가르치고 글을 쓰는 데 여생을 보냈다.

플라톤의 저서는 소크라테스와의 대화를 엮어나간 것이 대부분이다. 많은 대화록 가운데 중요한 것만 골라보면 다음과 같다.

『변명』　　　　　『향연』　　　　　『파이돈』
『국가론』　　　　『우주론』　　　　『법률』

그의 저작들은 약 50여 년에 걸쳐 방대한 규모로 이루어졌다. 하지만 그가 강의에 더 큰 뜻을 두고, 저작은 그저 '아름다운 유희' 정도로 본 것에 비추어 보면 우리의 감탄을 자아내기에 충분하다. 그가 80세에 세상을 뜨자마자 당장 그를 신성시하는 전설이 생겨났으며, 그는 '아폴론의 아들'로 불리게 되었다.

이데아론

개별자보다는 보편자에, 개인보다는 국가에 더 가치를 두는 그의 철학은 이데아론과 밀접한 관련이 있는 것으로 보인다. '동굴의 비유[7]'를 통해 플라톤이 말하고자 한 것은 무엇일까? 그것은 우리 인간이 '감각'이라는 캄캄한 동굴에 갇혀 참다운 진리의 세계를 보지 못한다는 것이다. 그러다 어느 날 우연히 동굴로부터 빠져나올 기회가 있는 것처럼, 어쩌다 우리의 영혼이 이념의 세계로 비약하는 경우가 있다. 우리의 영혼이 이념(Idea)의 세계로 비약함으로써만 보편적인 이데아를 파악할 수 있다는 것이다. 그렇다면 이데아란 무엇일까?

이데아란 개별적인 사물이 소멸하더라도 사라지지 않고 존속하는 불멸의 원형, 감성적 사물의 전형이자 개별자에 실현되어야 할 이상이다. 예를 들어 현실세계에는 많은 동그라미가 있는데, 그것들이 아무리 완전해 보여도 엄밀하게 보면 어딘가 흠이 있게 마련이다. 우리가 경험하는 이 세계에는 절대적으로 완전한 의미의 동그라미는 있을 수 없으며, 어쩌면 우리는 한 번도 그 이데아를 못 보았을지도 모른다. 그럼에도 불구하고 우리가 저 동그라미보다 이 동그라미가 더 동그라미에 가깝다고 말하는 것은 어디에 근거한 것일까? 그것은 우리가 마음속에 그리고 있는 완전한 모양의 동그라미일 것이다. 그때 우리 마음속의 동그라미야말로 동그라미의 이데아에 해당한다. 물론 그 밖의 사물이나 인간의 행위에 대해서도 이러한 예를 적용시킬 수 있다. 하지만 이데아란 가장 이상적인 형태이면서도 결국 관념 속에 머물 수밖에 없다는 한계성을 갖고 있다.

개별자보다 보편자(이데아)가 더 중요하다고 보는 플라톤의 형이상학적 입장은 『국가론』에서 개인보다 국가를 더 우선시하는 사상으로 나타난다.

개인과 국가

플라톤에 의하면, 인간의 신체는 머리, 가슴, 배의 세 부분으로 구성되어 있다. 그리고 그것들이 하는 기능, 즉 영혼의 활동은 이성, 의지, 욕망 등이다. 또 각각의 영혼이 추구하는 덕은 지혜, 용기, 절제이며, 이것들이 모두 합해져 정의를 이룬다. 국가에도 이에 상응하는 세 계급이 있는데, 머리 부분에는 지혜가 월등한 통치 계급이, 가슴부분에는 용기 있는 무사 계급이, 배 부분에는 절제심을 발휘해야 할 생산 계급이 있다. 이처럼 플라톤에서는 영혼론과 윤리학, 국가론 등이 상호유기적인 관련을 맺고 있는 것이다.

한 개인의 육체적 건강은 신체의 세 부분이 각각 자기의 기능을 원활히 수행할 때 달성되고, 영혼의 내적 평화는 각각의 영혼이 균형과 조화를 이룰 때 가능한 것처럼 이상국가의 정의는 각각의 계급들이 서로 간섭하지 않고 자기 직분에 충실할 때 달성된다. 그러므로 바람직한 인간이란 신체가 건강할 뿐 아니라, 영혼의 세 부분이 조화를 이룬 상태에서 국가생활에서도 계급에 맞는 자기의 위치를 잘 지켜나가는 자다. 물론 세 부분

중에서 특히 중요한 곳은 머리 부분이다. 국가 계급에서도 통치 계급은 금(金)의 계급이라 하여 이상국가를 실현하는 데 있어 중추적인 역할을 담당한다.

그러나 플라톤은 전체 국가가 도덕적이어야만 진정한 정의가 실현될 수 있다고 주장한다. 각각의 계급들이 맡은 임무를 잘 수행해 나갈 때, 국가는 비로소 도덕적인 조직체가 되고, 그 가운데 선의 이데아가 실현되는 것이다.

플라톤은 개인보다도 국가를 강조했다. 개인의 자유에 대해서도 국가는 얼마든지 간섭할 수 있는데, 예컨대 종교적 이단자에 대해서는 무자비한 박해를 가할 수 있고, 예술을 검열할 수 있으며, 나아가 유전병자나 무능력자를 거세할 수도 있다고 했다.

개인의 존재도 중요하다 – 아리스토텔레스

국가가 우선인가, 개인이 우선인가? 이제 아리스토텔레스에 대해 알아보도록 하자. 그의 아버지는 마케도니아 왕의 주치의였으며, 그로부터 학문연구를 위한 충분한 재산을 물려받았다. 그리고 열일곱 살 무렵에 아카데미아에 입학함으로써 플라톤에게서 20여 년 동안이나 배울 수 있었다. 또 일찍부터 왕실과 친했던 그는 알렉산더 왕자의 개인교사가 되어 7년 동안 가르쳤다. 정신적 세계의 제왕을 스승으로 삼고, 현실 세계의 제왕을 제자로 삼은 아리스토텔레스는 행운아임에 틀림없다.

플라톤은 그를 특별히 사랑했으며, 그 역시 스승을 매우 존경했다. 그러나 플라톤이 죽자 그는 '스승이냐 진리이냐' 하면서 독자적인 학설을 주장했고, 아카데미아를 뛰쳐나와 아테네 시 외곽에 리케이온(Lykeion)이라는 학원을 세웠다. 항상 나무가 우거진 체육학교 가로수 길을 산책하면서 강의를 했다고 하여 소요학파(逍遙學派)라는 이름이 생겨났다.

아리스토텔레스는 학문을 연구하는 데 있어 제자(알렉산더 대왕)의 덕을 톡톡히 보았다. 그러나 대왕이 죽자 아테네에 반(反)마케도니아 운동이 일어나 그 역시 고소를 당하게 되었다. 죄목은 신을 모독하고 국가의 종교를 위반했다는 것. 이때 그는 칼키스로 망명했고, 이듬해 위병으로 타계했다. 그의 저서에는 다음과 같은 것들이 있다.

『논리학』　　　　『자연학』　　　　　『형이상학』
『니코마코스 윤리학』　　　　　　『정치학』

형이상학

'형이상학(Metaphysika)'이라는 말은 그리스어 'meta ta physika(자연학의 다음)'라는 말에서 유래한다. 이는 아리스토텔레스 저작의 순서상 형이상학이 자연학 다음에 편찬되어 붙은 이름이다. 단순한 외면적 명칭이 차츰 자연학의 배후 또는 '그것을 초월해 있는 어떤 것에 대한 학문'이란 뜻으로 바뀐 것이다. 다시 말하면 '눈으로 보거나 손으로 만질 수 있는 자연을 넘어서 있는 어떤 것, 비록 나타나지는 않지만 자연의 피안에 자리 잡고 있으면서 존재하는 것을 존재하게끔 하는 바로 그것에 관한 학문'이란 의미로 바뀌어 간 것이다.

플라톤이 이데아를 가리켜 '감각계를 떠나 존재하는 이상이자 모형'이라고 주장한 데 반해, 아리스토텔레스는 그것을 '개별적 사물 가운데 들어있는 형상'이라고 주장했다. 즉, 현실의 감각세계를 초월해 이데아의 세계가 따로 있는 것이 아니며, 오히려 우리 눈앞에 보이는 개개의 사물이야말로 참다운 실재이자 실체라는 것이다.

정치학

정치적 동물로서의 인간은 자기의 삶을 보존하고 완성시키기 위해 다른 사람과의 공동체를 필요로 한다. 그리하여 선을 지향하는 시민들로 구성된 윤리적 공동체야말로 가장 고귀한 인류의 형식이 되는 것이다.

아리스토텔레스 역시 플라톤처럼 도시국가와 같은 좁은 공간 안에서 이상국가를 실현해보려고 노력했다. 또 다른 그리스인들과 마찬가지로 노예제도를 당연한 것으로 받아들였으며, 부부생활이나 가정 및 공동체에 대해서도 높이 평가했다. 그러나 국가를 '개별적인 인간으로 구성된 어떤 통일적 체제'라고 본 플라톤의 입장은 잘못된 것이라고 비판했다. 아울러 '국가적인 공동체란 작은 단위의 공동체로 구분된 하나의 전체자(全體自)여야 한다'고 주장해 개인을 중시했다.

교육론

교육이란 무엇일까? 아리스토텔레스는 교육이 사람의 잠재된 능력을 최대한 발휘하도록 도와주는 일이라고 생각했다. 하지만 국가가 개인의 교육을 평생 감독해야 한다거나 시를 짓는 일까지 국가의 목적에 따르게 해야 한다고는 주장하지 않았다. 오히려 예술이나 시 등은 개인 안에 들어있는 법칙성에 따르도록 해야 한다고 주장했다.

아리스토텔레스에 의하면, 국가는 폴리스(polis)[8]적 동물인 인간의 본성을 완성시키는 데 그 임무가 있을 뿐이다. 이에 따라 그는 플라톤과 달리 개인의 교육 기간을 7세부터 21세까지로 한정했다.

평가

첫째, 형이상학에 있어서 플라톤은 시간과 공간을 초월한 이데아야말로 사물의 진정한 이상이며, 감성적 개별자란 이데아를 불완전하게 모사한 것에 불과하다고 주장했다. 이처럼 플라톤이 초월적인 이데아를 강조한 반면, 아리스토텔레스는 진실한 존재로서의 개체는 질료와 형상의 결합으로만 이루어진다고 하여 내재적인 형상을 주장했다.

둘째, 윤리학에서 플라톤은 인간 스스로를 초경험적 세계로 높임으로써 최선의 이데아를 알게 한다는 이상주의적 도덕을 추구했다. 이에 대해 아리스토텔레스는 인간이 자기의 본성인 이성을 잘 계발해 나가기만 하면 가장 좋은 상태에까지 이를 수 있다는 현실주의적 윤리관을 피력했다.

셋째, 플라톤은 '국가란 통일적 전체이며, 개인은 국가에 종속되어야 한다'고 주장했다. 이에 대해 아리스토텔레스는 '국가란 개인들이 모여 구성된 전체자에 불과하다'고 하여 개인 위주의 국가관을 보이고 있다.

넷째, 교육론에서도 플라톤은 어디까지나 국가 위주의 교육을 강조했다. 교육이란 국가가 필요로 하는 인재를 양성하는 것이며, 그리하여 국가가 개인의 교육에 대해 50세까지 간섭해야 한다고 했다. 이에 대해 아리스토텔레스는 인간의 자연적 소질을 완성하는 것이 교육의 임무라고 보았으며, 개인의 교육을 국가가 평생 간섭해야 한다고 주장하지도 않았다.

전체적으로 볼 때 플라톤이 이데아를 추구하는 이상주의자였다면, 그의 제자는 현실에 충실한 체계적 사상가였다고 말할 수 있다. 플라톤이 전체에 비중을 두었다면, 그의 제자는 개별 자의 가치도 어느 정도 인정하고 있다.

금욕인가 쾌락인가,
스토아학파와 에피쿠로스학파

세상을 살아가는 동안 욕망을 억제하고 인내하며 사는 것이 옳은가, 맘껏 즐거움을 추구하며 사는 것이 현명한가? 우리 일상사에서 늘 겪는 갈등이지만, 이에 대해 극명하게 갈린 두 학파가 있다. 바로 스토아학파와 에피쿠로스학파다. 두 학파는 동일한 시대에 동일한 주제를 놓고 서로 반대 방향으로 결론에 이르렀다는 점에서 곧잘 비교되곤 한다. 먼저 스토아학파에 대해 알아보도록 하자.

마케도니아의 알렉산더 대왕은 스무 살에 왕위에 올라 그리스를 정복하고 페르시아의 왕 다리우스의 연합군을 격파했으며, 시리아와 이집트를 점령했다. 동쪽 인도에까지 쳐들어갔으나 실패하고, 돌아오는 길에 바빌론에서 사망했는데, 이때가 아리스토텔레스가 죽기 1년 전인 기원전 323년이었다.

알렉산더가 사망한 후 그리스 문화에 동양적 요소들이 흘러들어왔고, 이로 말미암아 지금까지 없었던 아주 독특한 하나의 세계주의적 인류문화로 변모해갔다. 이때의 문화를 두고, 19세기 독일 역사학자인 드로이젠은 '헬레니즘'이라 불렀다.

그럼 이때에는 어떤 철학이 발달했는가? 철학은 항상 그 시대의 상황과 밀접한 관련이 있는 법이다. 가령 이때에는 알렉산더와 그 후계자들에 의해 오랫동안 전쟁이 이어졌기 때문에 (마케도니아) 사람들은 자연히 혼란스러운 밖의 세계보다는 자신의 내면에서 구원과 행복을 얻으려고 했다. 고대 그리스 사람들 역시 정치적 자유를 잃고 있던 터라 국가사회에 대한 관심은 사라지고, 내면세계로 가라앉아 자기의 안심입명(安心立命)만을 추구했다. 철학이 논리학이나 형이상학, 윤리학 등의 영역으로 한정되기 시작했고, 그 가운데서도 특별히 개인의 처세를 둘러싼 윤리학적 문제가 가장 중요한 관심사가 되었다.

스토아학파

스토아학파의 창시자는 키티움 출신의 제논[9]이다. 본래 성공한 장사꾼에 속했던 그는 어느 날 배가 침몰함으로써 많은 재산을 한꺼번에 잃고 말았다. 크게 낙심해 아테네 거리를 하릴 없이 떠돌다 어느 책방에 들렀는데, 거기서 무심코 한 권의 철학책을 발견했다. 그는 그 책을 다 읽고 나서 평생 철학에 전념하게 되어 간혹 "배의 침몰이 나에게는 매우 유익한 사건이었다"고 자랑했다고 한다.

그렇다면 '스토아'라는 이름은 어떻게 생겨나게 되었는가? 본래 이 말은 '얼룩덜룩하게 색이 칠해진 복도(Stoa poikile)'라는 말에서 유래한다. 제논과 그의 젊은 제자들이 바로 이곳에 모여 학문을 논한 것이다. 둥근 기둥들이 죽 늘어선 서양식 복도를 상상해보라. 의무를 준수하고 절제하는 제논이 이 엄격하고 진지한 건축물의 보호를 받았다는 상징성이 '스토아'라는 말 속에 들어 있다. 이것은 쾌락의 사도 에피쿠로스가 포근하고 따사로운 정원의 뜰 안에 머무른 것과 대조된다.

제논의 외투는 형편없이 낡은 것이었고, 먹고 마실 때도 매우 절제했다. 아테네 시민들은 이러한 그에게 황금으로 만든 월계관을 씌워주고, 그의 동상을 세웠다. 또 그가 살아있을 때, 이미 그의 묘비를 세워주었다고 한다.

이성에 따르는 삶 – 형이상학

이 우주에 질서가 있는 것은 그 안에 로고스(logos)가 깃들어 있기 때문이다. 가령 지구가 태양의 주위를 규칙적으로 돌고,

달이 지구의 주위를 정확하게 도는 것은 어떤 법칙(원리)이 그 가운데 작동하고 있기 때문이다. 이와 마찬가지로 인간의 이성 가운데에도 로고스가 들어 있기 때문에 인간은 절제하는 가운데 자기 자신을 지켜나갈 수 있다. 로고스가 이 우주를 지배하는 법칙이라면, 이성은 인간을 지배하는 법칙이어야 한다. 우주가 로고스에 따를 때 질서를 이루는 것처럼 인간은 이성을 따를 때 절도 있는 행동이 나온다. 그러므로 우리가 이성에 충실한 생활을 할 때, 그것이 바로 자연(법칙, 순리)에 순응하는 삶이된다.

금욕주의 – 윤리학

스토아학파의 윤리학설을 우리는 '금욕주의'라고 부르는데, 이들의 주장을 들어보자. 행복이란 쾌락에서 나오는 것이 아니라 우리에게 주어진 의무를 잘 준수하고 욕정을 단념하는 데서 생겨난다. 인간의 본성은 이성이기 때문에 그 이성에 따라 사는 것이 덕이며, 그로 인해 인간은 얼마든지 행복해질 수 있다. 가령 어린아이가 고통스러운 가운데서도 기어이 걸음마를 배워내고야 마는 것처럼, 우리의 삶에 길을 제시해주는 어떤 법칙이 있는 것이다.

그러나 스토아학파는 인간의 덕과 부덕은 밖으로 드러나는 행위 자체보다 그의 정신적 태도에 달려 있다고 말한다. 가령 건강이나 재산, 생명, 명예, 권력, 병, 가난 등은 그 자체로 선도 아니고 악도 아니다. 그러므로 우리가 선도 아니고 악도 아닌 '중립적인 것(adiaphora)'에 마음을 빼앗기는 것은 부끄러운 일이 아닐 수 없다.

그런데 이러한 사정을 잘 알고 있음에도 불구하고 우리는 그러한 것들에 대해 신경을 쓰지 않을 수 없다. 때문에 우리가 그러한 것들에 대해 완전히 무관심할 수 있기 위해서는 꾸준히 수양을 쌓아야 하는데, 오직 수양을 통해서만 외부적인 것에 대해 흔들리지 않는 부동심(apatheia)을 얻을 수 있다. 스토아 학자들은 부동심을 유지하는 현자야말로 진실로 행복하고, 자유롭고, 부유하다고 말한다. 그들은 부동심을 얻기 위해 생사(生死)까지도 가볍게 보았으며, 심지어 숨을 멈추거나 자살을 택한 사람도 있었다.

제자의 손에 죽다 - 스토아 학자들

제논에 이어 제논의 후계자인 클레안테스(Kleanthes)도 자살했다. 클레안테스는 의지가 강해 스스로 굶어 죽었다고 한다. 후기 스토아 학자인 세네카(Seneca)는 그 제자인 네로 황제에 의해 죽임을 당했다. 로마의 5대 황제였던 네로는 처음에는 좋은 정치를 했으나 성질이 거칠어지면서 스승인 세네카와 어머니, 아내인 황후까지 죽였다. 또 로마에 불을 질러 민심이 흉흉해지자 그 죄를 기독교인들에게 떠넘겼고, 이들을 체포해 굶주린 사자에게 던져주는, 그야말로 몸서리쳐지는 대학살을 자행했다. 그의 혹독한 공포정치는 급기야 전국 여러 지역에서 반란이 일어나게 만들었고, 사면초가에 몰린 네로는 겨우 서른 한 살의 나이에 칼로 자신의 목을 찔러 목숨을 끊고 만다.

그의 스승인 세네카는 지혜에 대한 사랑을 주장했으나 결국 네로의 의심을 사서 사형선고를 받게 된다. 손발의 핏줄을 통해 독약을 흘려 넣은 뒤, 한증탕의 열기 속에서 죽어가게 했다고 한다. 엄격한 금욕주의에 입각해 내면적인 덕을 얻는 데 온 힘을 다했던 세네카는 결국 세기적인 패륜아인 제자에 의해 죽임을 당한 것이다.

이외 후기의 스토아 학자로는 노예 출신의 에픽테토스와 황제였던 아우렐리우스(Marcus Aurelius)가 있다. 오현제(五賢帝)[10]의 한 사람으로서 게르만족의 침입을 막고, 중국 후한(後漢)과도 외교 관계를 가졌던 아우렐리우스는 비록 황제였지만, 사치와 안락을 누리지 않았고 전쟁터에서도 평범한 군복을 입고 병사와 함께 생활했다고 한다.

이상에서 보는 것처럼, 모든 스토아 학자들의 공통점은 내면적인 덕, 즉 부동심을 얻는 데 뼈를 깎는 노력을 기울였다는 것이다. 그래서 때로는 무서울 만큼 강한 인내력과 자제력을 발휘했다.

에피쿠로스학파

스토아학파의 시조 에피쿠로스(Epicurus)는 사모아 섬에서 태어나 아테네에서 교수 활동을 했는데, 그에 대한 평가는 엇갈린다.

먼저 그를 방탕한 쾌락주의자로 욕하는 사람들은 그가 너무 많이 먹고 마셨다고 말한다. 지나치게 사랑의 향락에 빠졌다는 비난도 함께 받았는데, 특히 에피쿠로스가 그 여자들 가운데 하나와 그의 집에서 함께 살았다는 사실은 당시 대단한 스캔들이었다. 심지어 어떤 사람은 에피쿠로스와 그의 제자들을 '돼지들'이라고까지 불렀다.

반대로 그의 제자들과 추종자들은 전혀 다른 평가를 하고 있다. 에피쿠로스학파는 어쩌다 가끔 딱 한 잔의 포도주만을 마셨을 뿐, 대개는 물을 마시는 것으로 만족했다는 것이다. 후자의 평가가 옳다면, 흔히 생각하는 것과 달리 에피쿠로스학파의 실제 삶은 방탕한 것과는 거리가 멀었다는 이야기가 된다. 어쨌든 그가 아테네 도시 외곽에 있는 정원 안에 학교를 설립했기 때문에, 이들을 '정원학파'로 부르기도 한다.

약하지만 지속적인 쾌락이 좋다 ─ 윤리학

에피쿠로스에 의하면, 인생의 목적은 행복이다. 그러나 과연

'무엇이 행복이냐'에 따라 주장이 달라진다. 가령, 스토아학자들은 덕을 실현할 때 행복하다고 말했다. 그러나 에피쿠로스는 쾌락이 우리에게 행복을 가져다준다고 주장한다. 인간은 즐거울 때 행복하고, 불쾌할 때 불행하다. 그러므로 인생의 목적인 행복에 이바지하는 쾌락(즐거움)은 우리에게 좋은 것(선)이 되고, 불행을 가져오는 불쾌는 나쁜 것(악)이 될 수밖에 없다. 즉, 쾌락은 선이고 불쾌는 악이다. 여기에서 감각적인 개념으로서의 쾌와 불쾌가 어느새 도덕적 개념인 선악으로 바뀌어 있음을 알 수 있다.

그러나 에피쿠로스가 무조건 눈앞의 쾌락을 추구하라고 주장한 것은 아니다. 키레네학파와 달리 그는 쾌락에도 질적 차이가 있음을 인정한다. 가령 강하고 순간적인 쾌락이 있는가 하면, 약하고 지속적인 쾌락이 있다. 대개 육체적 쾌락은 강력하지만 짧고, 정신적 쾌락은 약하지만 오래 유지된다.

만약 쾌락이 인생의 최고선이자 목표라고 한다면, 사는 동안 되도록 많은 쾌락을 누리는 것이 상책이다. 그런데 우리 인간은 보통 수십 년 이상을 살기 때문에 인생의 모든 기간을 통해 쾌락의 양을 조절할 필요가 있다. 되도록 쾌락의 양이 고통의 양보다 많도록 해야 하는데, 흔히 우리가 경험하듯 육체적 쾌락 뒤에는 더 큰 불쾌가 따라오기 마련이다. 그러므로 강하고 짧은 육체적 쾌락보다는 약하고 지속적인 정신적 쾌락을 선택하는 편이 더 현명할 수 있다. 이 때문에 우리에게는 지속적인 행복을 위해 크고 작은 고통을 참아야 할 때가 있는가 하면, 먼 훗날의 큰 행복을 위해 지금의 작은 쾌락을 포기해야 하는 경우도 생긴다.

그러므로 우리가 진정 인생의 모든 기간을 통해 쾌락의 양이 고통의 양보다 많도록 하기 위해서는 평소의 훈련을 통해 어떤 경지에 이르러야 한다. 그 경지란 어떤 일에도 산란되지 않는 안정된 마음, 즉 아타락시아(ataraxia)의 상태다. 동물은 그때그때의 쾌락과 고통의 본능에 따라 움직인다. 하지만 인간은 육체적 쾌락보다 정신적 쾌락을 더 낫게 보고, 기꺼이 그것을 선택할 줄 안다. 왜냐하면 기억력과 상상력에 의해 과거와 미래를 통찰할 수 있기 때문이다. 이렇게 본다면 에피쿠로스학파의 쾌락주의는 스토아학파의 사상과 큰 차이가 없다는 느낌을 준다.

국가는 개인을 위한 수단 – 국가론

스토아 학자들은 가정과 이웃, 국가에 대한 의무를 중요하게 여겼고, 한걸음 더 나아가 모든 인류가 서로 사랑해야 한다고 함으로써 세계주의로 나아갔다. 그러나 에피쿠로스의 쾌락주의에서는 국가 역시 개인들의 편리를 위해 존재하는 것으로, 계약에 의해 이루어진 어떤 것에 지나지 않는다. 말하자면 개인들이 마찰을 일으켜 서로 불행해지는 것을 방지하기 위해 이를 중재하기 위한 기구로 국가를 만들고 법률도 제정했다는 것이다.

요컨대 에피쿠로스학파에 의하면, 전체보다는 개인이 우선이고, 객관적 정의보다는 각 개인의 쾌락이 먼저다. 우리는 국가의 이익을 도모하기보다는, 되도록 복잡한 국가적 속박으로부터 벗어나 스스로 행복한 생활을 누려야 한다. 그러므로 현명한 사람이라면 불필요하게 사랑을 하지도 않고, 굳이 가정을 갖지도 않으며, 괜스레 에너지만 낭비하는 정치활동에도 참여하지 않을 것이다.

우리는 죽음과 절대로 만날 수 없다 – 자연학

에피쿠로스의 관심은 가급적 불안을 떨쳐버리고, 마음의 평화를 얻는 데 모아졌던 것 같다. 때문에 죽음에 대한 생각도 매우 독특하다. 그에 의하면, 우리가 자연 및 세계에 대해 열심히 탐구하는 것은 우리의 헛된 망상과 미신을 쳐부숨으로써 괜한 공포심을 없애고, 그리하여 마음을 유쾌하게 갖기 위해서다. 이러한 입장에서 에피쿠로스는 데모크리토스(Demokritos)의 원자론이 그러한 목적에 매우 적합하다고 보았다.

원자론에 의하면, 이 세상에 존재하는 것은 오직 빈 공간(無)과 그 안에서 운동하고 있는 원자뿐이다. 세계 만물은 이 원자들이 모이고 흩어지는 것에 불과하기 때문에, 이 세상에 신이나 절대자, 불가사의한 요괴 같은 것은 있을 수 없다. 보통 사람들이 가장 두려워하는 것은 신과 죽음이다. 그러나 전지전능한 신이 무엇 때문에 이 불완전한 세상을 이끌어나가려 하겠는가? 왜 사서 고생을 하겠는가? 따라서 신이란 없다.

죽음 후의 세계도 없다. 죽음이란 육체를 형성했던 원자가 흩어지는 것에 불과하기 때문이다. 육체뿐만 아니라 인간의 영혼 역시 매끈하고 아주 작아서 움직이기 쉬운 불의 원자(火性原子)로 되어 있다. 따라서 죽는 순간, 우리의 육체뿐만 아니라 영혼의 원자 역시 흩어져 버릴 뿐이다. 때문에 사후 세계는 없다. 인간은 죽음과 함께 무로 돌아갈 뿐이다.

그러므로 우리는 죽음을 두려워할 필요가 없다. 이와 관련해 루크레티우스는 "우리는 죽음과 절대로 만날 수 없다. 우리가 살아 있는 동안에는 죽음이 없으며, 죽음이 다가왔을 때는 우리가 이미 살아 있지 않기 때문에"라고 말한 바 있다.

아파테이아와 아타락시아 – 두 학파의 비교

스토아학파와 에피쿠로스학파 모두 인생의 목적을 행복에서 찾는다. 그러나 키니코스학파(견유학파)의 영향을 받은 스토아학파는 행복이 '덕스러운 생활'에 있다고 봄으로써 금욕주의의 입장에 섰던 반면, 키레네학파(쾌락주의)의 전통을 이어받은 에피쿠로스학파는 '행복이란 쾌락에 있다'고 주장함으로써 쾌락주의의 입장에 섰다.

그럼에도 불구하고 선을 달성하기 위한 수단에 있어서 두 학파는 다시 일치한다. 즉, 스토아학파는 아파테이아(부동심)를, 에피쿠로스는 아타락시아(무욕)를 주장하는데, 결국 이것들은 비슷한 의미로 보아도 무방할 것이다.

그렇다면 우리는 금욕주의와 쾌락주의 가운데 어느 쪽을 선택해야 하는가? 전국시대 위나라의 철학자인 양자(楊子)는 다음의 글에서 마치 향락주의의 화신처럼 등장한다.

"우리는 왜 인생의 시기를 놓치지 말고 즐겨야 하는가? 그것은 우리의 인생이 너무나 짧기 때문이다. 설령 백 살까지 산다 한들 이 가운데 어린 시절과 늙어버린 시절이 전체의 절반을 차지하고, 나머지 절반 중에서도 밤잠과 낮잠이 또 절반을 차지하며, 거기에다 질병과 우환이 그것의 절반을 줄이고 만다. 그러고 나서 남는 것은 겨우 십여 년 뿐인데, 이 가운데 소요자재하며 아무런 걱정 없이 지내는 시간이 얼마나 되겠는가?

생명이 이와 같이 짧은데 우리 인생에 도대체 무슨 의미가 있다는 말인가? 십 년을 살아도 한 번은 죽어야 하고, 백 년을 살아도 한 번은 죽어야 한다. 살았을 때 요순(堯舜)일 뿐, 죽고 나면 곧 말라빠진 뼈로 변하고 만다.

그러므로 우리는 살아 있을 때 최대한 즐거움을 찾아야

하며, 죽은 후의 일에 대해서는 아예 걱정조차 하지 말아야 한다. 대신 우리는 마땅히 세상의 아름다운 풍경이란 풍경, 미색(美色)이란 미색을 모두 구경하며 인생의 쾌락을 즐겨야 한다."

그렇다면 우리는 구체적으로 어떻게 즐겨야 하는가? 여기에서 양자는 이상적인 인물로 두 사람을 그리고 있다. 하나는 술을 죽도록 즐기는 공손조(公孫朝)라는 사람이고, 다른 하나는 여색을 미친 듯이 좋아하는 공손목(公孫穆)이라는 사람이다.

"공손조는 술을 자기 생명처럼 즐기는 자로, 그의 방안에는 술을 담은 독이 일천 개나 쌓여 있고 술을 빚는 누룩은 골마루에 가득 차 있다. 그래서 술 빚는 냄새가 문밖 십 리까지 코를 찌른다. 그는 술을 마실 때 모든 것을 잊는다. 심지어 사물이 자신의 눈앞에 있는지 없는지조차 잊어버린다. 설령 그에게 찬물을 뒤집어씌우고 불로 지지고 칼로 찔러도 모르는 것이다. 밤이면 밤마다 낮이면 낮마다 항상 술에 취한 채 세상의 고통을 외면하고 살아간다.

또 공손목이란 자는 대단한 호색한(好色漢)이다. 그는 뒤뜰에 몇십 개나 되는 골방을 만들어 놓고, 천하의 예쁘다는 아가씨들을 모두 가려 뽑아 그 방에 가득 채워 놓았다.

그리고 일단 여자들과 놀기 시작하면 뒷방에 누워 모든 방 문객을 돌려보내며 밤낮을 가리지 않는데, 석 달에 한 번 정 도 문 밖에 나온다. 그러고도 만족스럽지 못한 얼굴빛이다.

이 두 사람은 글을 쓰거나 학설을 세우는 데는 아무 흥미 가 없으며, 후세에 스스로의 이름을 떨치는 데도 관심이 없 다. 그들은 재물을 모으려 하지도 않고, 정신적인 가치를 추 구하거나 마음의 평안에 관심을 갖지도 않는다. 오직 육체 적인 자극과 관능의 만족만을 추구할 뿐이다."

유교사상의 영향을 많이 받은 동양에 이처럼 상상을 초월하 는 쾌락주의 사상이 있었음에 놀라움을 금할 수 없다. 어쨌거나 금욕주의와 쾌락주의의 주장 모두에 일리가 있는 만큼 어느 쪽 을 선택할 것인지는 그때그때의 특수한 상황에 놓인 각자의 몫 이 아닐까 한다.

제2부
중세철학

신화 인가 역사인가, 구약시대의 이스라엘

성경은 신화인가 역사인가? 하나님 그리고 그의 아들 예수 그리스도의 스토리는 단순히 꾸며낸 이야기인가, 역사적 근거를 갖고 있는가? 일단 성경을 중심으로 구약시대의 이스라엘을 살펴보기로 하자.

믿음의 조상 – 아브라함

구약성경에 보면 하나님께서 말씀으로 천지를 창조하는 장면이 나오는데 빛과 어두움, 땅과 하늘, 바다와 육지, 식물과 동물을 만드시고, 제일 끝에 인간(아담과 하와)을 창조한다. 사람들이 점점 번성하자 그들은 죄를 짓기 시작하고, 이에 화가 난 하나님께서는 의로운 사람 노아에게 방주를 만들게 한 다음, 대홍수를 통해 전체 인간들을 땅에서 쓸어버린다. 그리고 오직 노아와 그 가족만을 구원하신다. 이것이 노아 시대의 홍수 심판이다.

이후 하늘 끝에 닿으려고 하는 인간의 교만을 쳐부순 바벨탑[11] 사건이 이어지고, 기원전 2166년에 믿음의 조상 아브라함이 태어난다. 갈대아 우르 지방에서 태어난 아브라함은 "네 친척, 본토, 아비 집을 떠나라"는 하나님의 부르심을 받고, '갈 바를 알지 못한 채' 그 명령에 순종한다. 갈대아 우르에서 하란으로, 하란에서 벧엘로, 다시 애굽으로 이어지는 그의 여정은 오직 하나님의 인도하심에 따르는 것이었다. 그리고 그의 신앙은 그의 나이 백 세에 얻은 아들 이삭을 번제로 드리라는 하나님의 명령에 순종함으로써 극에 달한다. 이 세상에 누가 자기 아들을 '칼로 잡아 사각형으로 각을 뜬 다음, 재가 될 때까지 불로 태워 드리는' 그 무시무시한 번제의 제물로 바칠 수 있을 것인가?

물론 이삭은 극적으로 목숨을 구하지만, 이 순종의 행위로 말미암아 '우상숭배의 가정'에서 태어난 아브라함은 기독교에서뿐만 아니라 유대교와 이슬람교에 있어서도 믿음의 조상으로 세워진다.

아브라함은 아내인 사라에게서 약속의 씨앗인 이삭을 얻지만, 이보다 먼저 사라의 몸종인 하갈에게서 서자 이스마엘을 생산한다. 이는 하나님의 약속을 온전히 믿지 못한 불신앙에서 나온 결과로, 이 사건이 오늘날 중동전쟁으로까지 이어질 줄 누가 상상이나 했을까?

적자(嫡子)가 태어나자 손위 형이자 서자인 이스마엘은 그 어미인 하갈과 함께 집에서 쫓겨난다. 한편, 간신히 죽음에서 벗어난 이삭은 쌍둥이 형제 에서와 야곱을 낳는데, 팥죽 한 그릇에 장자의 권리를 팔아버린 형 에서는 집을 나가고, 여러 가지 권모술수로 형의 권리를 빼앗은 야곱이 큰아들의 적통을 이어받는다. 야곱을 미워하던 에서는 결국 같은 처지의 아웃사이더인 이스마엘과 결합해 이른바 에돔 족을 형성하게 된다. 이 혈통에서 7세기 무렵 이슬람교의 창시자 마호메트가 태어나는 것이다. 그리고 그 반대편인 이삭에서 출발한 계보로부터 다윗과 솔로몬, 예수 그리스도가 등장한다.

아브라함을 똑같은 조상으로 두었음에도 불구하고, 이삭과 야곱(이스라엘, 미국 및 서방) 쪽과 이스마엘 및 에서(이슬람 및 아랍 세계)라고 하는 양대 세력이 오늘날까지 맞섬으로써 이스라엘의 수도인 예루살렘 역시 전통 유대교인과 기독교인, 그리고 이슬람교 세력으로 나뉘어 있는 것이다.

다시 본론으로 돌아가면, 야곱이 (나중에 나라 이름이 된) 이스라엘로 불리게 되었고, 야곱의 열두 아들이 이스라엘의 열두 지파를 형성하게 된다. 그런데 이 가운데 열한 번째 아들인 요셉은 형들의 모함에 의해 애굽(이집트)으로 팔려간다. 그는 온갖 고초를 당한 끝에 애굽 왕 바로의 눈에 들어 총리대신이 되는 영광을 얻는다. 한편, 가나안(오늘날의 팔레스타인) 지방에 가뭄과 흉년이 들자 굶어죽게 생긴 야곱은 이집트의 총리가 된 막내아들 요셉을 찾아 길을 떠난다. 그 후 이집트에 정착하게 되지만, 요셉을 알지 못하는 왕이 애굽에 세워짐으로써 이후 400년 동안 이스라엘 백성들은 이집트에서 노예생활을 하게 된다.

애초 70여 명에 불과했던 야곱의 식구들은 세월이 흐르는 동안 200만 명 이상의 대인구로 불어났는데, 바로 이때 민족의 지도자 모세가 태어난다. 히브리인(유대인)들의 출산능력이 뛰어난 데 대해 불안감을 느낀 바로가 남자아이들을 다 잡아 죽이라는 명령을 내리게 되고, 이에 모세의 어머니는 그를 (역청을 바른) 갈대 상자에 넣어 강물에 띄운다. 마침 강에 목욕을 나왔던 바로의 딸(공주)이 모세를 건져냈고, 모세는 기가 막힌 섭리에 의해 생모(生母)의 젖을 먹으며 애굽의 궁궐에서 왕자로 성장하게 된다. 문무를 겸한 지도자의 자질을 갖춘 모세가 마흔 살 되던 해, 히브리인과 싸우던 애굽 사람을 맨주먹으로 때려죽이고, 이 일이 탄로 나자 광야로 도망치고 만다. 양을 치며 40년의 세월을 보내던 모세에게 하나님이 나타나 민족구원의 사명을 주는데, 조력자로 그의 형 아론을 세운다. 애굽으로 들어간 모세는 바로와의 맞대결을 통해 이스라엘 민족을 이끌고 이집트를 탈출한다.

이 출애굽의 과정에서 홍해가 갈라지는가 하면, 반석(盤石)이 터져 생수가 나오고, 하늘에서 만나(Manna)[12]가 내리는 기적을 체험한다. 시내(Sinai) 산에 도착해 하나님으로부터 십계명을 받았고, 밤에는 불기둥, 낮에는 구름기둥의 인도에 따라 40년 동안 민족을 이끌던 모세는 비스가산 꼭대기에 올라 멀리 보이는 가나안 땅을 바라보며 죽는다. 그리고 그의 몸종이자 후계자인 여호수아에 의해 이스라엘 민족은 14년 동안의 치열한 정복전쟁 끝에 마침내 '젖과 꿀이 흐르는' 가나안 땅, 즉 오늘날 팔레스타인 지역으로 들어가게 된 것이다.

기원전 1400년에 가나안 정복이 완료되고, 이어 열두 지파에게 땅이 분배됨으로써 이스라엘은 이후 사사(士師) 시대에 접어든다. 종교와 정치, 군사 부분에 이르기까지 당시 최고의 지도자인 사사에는 여성 지도자로 유명한 드보라, 삼백 용사를 선발한 기드온, 욕정적인 사랑 때문에 처절하게 멸망할 수밖에 없었던 삼손 등이 속해 있다.

이스라엘의 전성기

마지막 사사인 사무엘 선지자에 의해 사울이 왕으로 기름부음을 받아 비로소 이스라엘의 왕정시대가 열린다. 그러나 백성들로부터 인기를 한 몸에 받은 신하 다윗을 끝없이 쫓아다니며 죽이려 했던 사울은 비참한 최후를 맞는다. 그리고 다윗이 그 뒤를 이어 왕위에 올라 남쪽 유다와 북쪽 이스라엘을 통일함으로써 마침내 통일왕국의 위업을 달성한다. 그러나 위대한 성군 다윗은 부하 장수를 죽이고 그의 아내를 취하는 무서운 죄를 범하게 되고, 결국 그 여인과의 사이에서 태어난 솔로몬이 그의 후계자로 등극한다.

여러 나라로부터 조공이 들어오고, 궁전의 웬만한 물건들은 모두 금으로 치장했으며, 처첩(妻妾)이 일천 명에 이를 정도로 부귀영화를 누린 솔로몬. 그러나 역사상 최고의 전성기를 구가하던 그도 노년에 이르러 그 많은 여인들로 인해 우상숭배에 빠진다. 하나님은 노했지만 다윗과의 약속 때문에 차마 그를 벌하지는 못한다. 오래 인내하던 하나님은 솔로몬이 죽고 그의 아들 르호보함이 왕위에 오르자 기다렸다는 듯 이스라엘을 남 유다와 북 이스라엘로 쪼개고 만다.

이후 두 나라는 힘이 약해져 북쪽 이스라엘은 아시리아에 망하고, 남쪽 유다는 바벨론 제국에 의해 차례로 정복당하고 만다. 그리하여 유대인들은 한때 바벨론에 포로로 잡혀가게 되는데(바벨론의 포수 사건), 이때가 기원전 6세기 무렵이었다. 이 무렵 바벨론에는 느부갓네살이라는 무서운 압제자가 등장한다.

그렇다면 이스라엘인들은 이 어려운 시기를 어떻게 견뎌냈을까? 본래 히브리인에게는 고대 동방의 유일한 일신교로서 야훼(Yahweh)에 대한 믿음이 있었다. 그런데 오랜 정치적 핍박 속에서 오히려 그들의 종교가 비약적인 발전을 거듭해 원시적인 민간신앙에서 일신교로서의 조직 체계까지 갖추게 되었는데, 우리는 이를 '유대교'라 부른다.

　　이상과 같은 구약성경의 내용에 대해 어떤 이들은 꾸며낸 이야기라거나 단순한 신화 정도로 치부하기도 한다. 그러나 기적이나 성령에 대한 부분은 차치하고라도 이스라엘의 역사 부분만큼은 인정하는 것이 대세인 것 같다.

메시아 인가 저주받은 자인가,
예수의 등장과 기독교

예수는 인류의 죄를 대속하기 위해 이 땅에 내려온 하나님의 아들인가, 아니면 저주받은 자로서 십자가에 달려죽은 시대적 풍운아인가? 예수는 모든 인간을 죄에서 구원할 메시야인가, 아니면 자기 목숨 하나 부지하지 못한 채 비참하게 생을 마감한 비극의 주인공인가?

기름부음 받은 자 - 메시아

먼저 메시아의 개념에 대해 알아보기로 하자. 그것이야말로 기독교가 생겨나는 데 결정적인 영향을 준 동기가 되었기 때문이다. '기름부음을 받은 자'라는 뜻을 가진 '메시아(messiah)'는 '구세주'로 번역되는데, 그리스어로는 '크리스토스(Christos)'라고 한다. 그래서 오늘날 예수를 구세주로 받아들이는 종교(예수교)를 '크리스트교, 그리스도교'라 부르고, 이를 한자로 말하면 기독교(基督敎)가 되는 것이다.

유대인들은 메시아가 나타나 이 땅 위에 하나님의 도를 세우고, 모든 인류를 구원한다는 사상을 갖고 있었다. 이러한 사상은 유대인의 정치적 몰락으로 인해 더욱 강렬하고 배타적인 성격을 갖게 되었고, '메시아가 나타나면 모든 이교도는 멸망하고, 유대인을 중심으로 세계가 통일될 것이다'라는 선민(選民) 사상으로 바뀌었다.

이처럼 강인한 종교심에 의지해 오랜 세월을 버티던 유대인들 가운데는 사자 굴에 던져졌다가 극적으로 살아난 다니엘 같은 인물도 있다. 이후 운이 좋게도 페르시아 왕 고레스의 칙령[13]에 의해 바벨론 포로생활에서 풀려난 이스라엘인들은 제1차는 스룹바벨에 의해, 제2차는 에스라에 의해, 그리고 제3차는 느헤미야에 의해 각각 고향 땅으로 돌아온다.

이후 황폐해진 예루살렘을 재건하고 무너진 성전을 다시 짓는다. 그리고 약 400여 년 동안 '하나님의 침묵 시기'가 나타나는데, 이 시기가 끝날 때쯤 세례 요한이 나타난다. 예수보다 6개월 먼저 태어난 세례 요한은 가죽옷을 걸치고 석청과 메뚜기를 먹으며 광야에서 "회개하라"고 외친다. 그는 머지않아 메시아가 출현할 것을 예언했는데, 마침내 요단강가에서 직접 그의 세례를 받은 나사렛 출신의 예수(Jesus)가 스스로를 '하나님의 아들'이라 칭하며, 하나님의 교훈을 설파하기 시작했다. 이에 이스라엘 민중들이 그를 메시아로 숭배하게 되었다.

예수의 비참한 죽음

그러나 스스로 '여호와 하나님의 아들이자 메시아'라고 주장한 예수의 말과 행동이 유대교 교리에 어긋난다는 이유로 바리새인과 제사장들을 비롯한 유대인들은 그를 십자가에 못 박아 죽이고 만다. 그 장면에 대한 신약성경 마태복음의 내용을 요약하면 다음과 같다.

총독 빌라도가 예수에게 "네가 유대인의 왕이냐?"고 묻자 예수는 "네 말이 옳다"고 답한다. 대제사장과 장로들은 예수를 십자가에 못 박아야 한다고 목소리를 높였다. 군병들은 그의 옷을 벗기고 홍포를 입힌 후 가시 면류관을 씌우고 오른손에 갈대를 들게 한 다음, 희롱했다. 침을 뱉고 때리면서 골고다로 끌고 가다가 시몬을 만나 그에게 억지로 예수의 십자가를 대신 지게 했다. '해골의 곳'이라는 뜻의 골고다(갈보리 언덕)에 이르러 예수에게 쓸개즙을 탄 포도주를 마시게 했으나 맛을 보고 거절했다. 이때에는 예수의 주변에 제자들이 아무도 없었다. 로마 군병들은 예수를 십자가에 못 박은 후 제비를 뽑아 예수의 옷을 나누어 가졌고, 십자가 밑에서 그가 죽을 때까지 지켰다. 머리 위 팻말에는 '유대의 왕 예수'라는 글씨가 쓰여 있었고, 함께 못 박힌 강도와 유대인들은 그를 조롱하고 욕했다. 육시(정오)부터 어두워지기 시작하더니 구시(오후 3시쯤)에 예수가 "나의 하나님, 나의 하나님! 어찌하여 나를 버리셨나이까?" 하면서 크게 소리 지르고 영혼이 떠나갔다.

당시 예수와 함께 죄인으로 잡혀온 사람으로 '바라바'라는 폭력혁명 노선 추종자가 있었다. 유월절(逾越節, Passover)[14]의 관례는 이 둘 중 한 사람을 풀어주도록 되어 있었는데, 유대인들은 바라바가 아닌 예수를 십자가에 못 박으라고 소리를 지른다. 당시 십자가형을 받은 사람은 그 십자가를 지고 시내를 두루 다니게 했는데, 그 까닭은 첫째 이로써 경계를 삼고, 둘째는 혹시 무죄일 경우 누군가 재심을 요청하면 받아들이기 위해서였다. 하지만 예수의 경우, 아무도 무죄를 주장한 사람이 없었던 것 같다.

십자가형은 너무나 잔인무도해 점잖은 자리에서는 입으로

말하는 것조차 금기시하는 경향이 있었다. 왜냐하면 첫째, 완전히 발가벗겨진 치욕적인 모습으로 손목과 발에 못이 박혀 공중에 높이 매달림으로써 더 이상 내려갈 데가 없을 정도로 인간성이 파괴되기 때문이다. 위의 성경에서 예수에게 홍포를 입힌 것은 왕의 옷을 빗댄 것이고, 가시 면류관은 왕관을, 그리고 갈대는 왕이 드는 홀(笏, 왕이 손에 드는 지팡이로 '왕권'을 상징)을 의미한다. 이는 예수가 스스로를 '유대의 왕'이라고 자처한 데 대한 조롱이었다.

둘째, 십자가형은 인간이 갖는 인내심의 한계를 초월하는 것이다. 죄수는 스스로 약 80킬로그램의 십자가를 지고 가파른 언덕을 올라야 했으며, 이때 몸이 약한 예수는 여러 차례 쓰러졌기 때문에 길옆에서 구경하던 구레네 지방 출신의 시몬을 붙잡아 억지로 십자가를 지고 가게 한 것이다.

물론 십자가에 못 박힌 후에는 얼마 가지 않아 피가 멈춘다. 하지만 고통에 몸부림치다 보면 못이 박힌 자국에서 다시 피가 흘러나오고, 이 때문에 온몸에 피를 다 쏟고 나서야 숨을 거두는 것이다. 이 과정이 길어지면 보통 이틀이나 사흘, 심지어는 일주일까지도 죽지 않은 채 버티는 무서운 형이다. 하지만 다행인지 불행인지 몸이 극도로 약해져 있던 예수는 못 박힌 지 여섯 시간 만에 숨을 거둔 것으로 되어 있다.

사정이 이러하다면 예수는 아무런 힘도 없이, 능력을 보이는 일 없이 고통 가운데 이 땅에서의 삶을 마감한 셈이 된다. 심지어 바로 옆에 함께 못 박힌 강도가 "십자가에서 내려와 하나님의 아들임을 증명해보라"고 조롱하였음에도 그는 침묵으로 죽음을 받아들였다. 과연 그는 반란의 괴수, 실패한 혁명가였던가? 이에 대한 답변은 일단 보류하고, 이후 전개된 기독교의 성장과정을 살펴보기로 하자.

기독교의 성장

예수는 비참하게 죽었다. 그러나 바로 그 사건 이후 상식을 깨뜨리는 놀라운 일이 벌어졌다. 예수가 삼일 만에 다시 살아난 것이다. 이에 대한 논의는 분분하다. 어쨌든 성경에 의하면, 그는 부활 후 이 땅에 40일 동안 머물다 하늘로 올라갔으며, 그로부터 10일 만에 그를 대신한 성령이 강림한다. 즉, 120여 명이 모여 열심히 기도하던 마가의 다락방에 성령이 내려옴으로써 새로운 역사가 시작되는 것이다.

예수가 십자가에 못 박혀 힘없이 죽어버리자 자기 살 길을 찾아 뿔뿔이 흩어졌던 제자들이 예수의 부활을 직접 보고 새로운 힘을 얻게 된다. 그리하여 베드로를 비롯한 열 두 제자들은 죽음을 무릅쓰고 복음 전파에 힘썼으며, 실제로 거의 모두 순교를 당했다. 그 뒤를 이어 스데반 집사 같은 경우는 돌에 맞아 죽어가면서도 하늘을 향해 "저들을 용서해 달라"고 기도한다. 이후 기독교는 수많은 순교자를 배출하면서 세계적인 종교로 발전하게 되었다.

여기에는 물론 1세기 무렵 사도들의 선교 활동이 중요한 역할을 했다. 특히 세 번에 걸친 사도 바울(Paul)의 전도여행과 로마에서의 순교는 촉매제가 되었다. 본래 이름이 '사울('큰 자'라는 뜻)'이었던 바울은 스데반 집사가 돌에 맞아 죽을 때, 군중(살인자들) 옆에서 옷을 지키고 있었다. 그는 끝까지 흔들리지 않는 스데반의 신앙에 충격을 받았다. 이후 예수 믿는 자들을 잡아들이라는 대제사장의 체포영장을 가지러 다메섹(오늘날의 다마스쿠스)으로 가다가 길 중간에서 예수의 환상을 만난다. 여기에서 이름까지 '바울('작은 자'라는 뜻)'로 바꾸는 겸손하고도 위대한 신앙의 결단이 생겨나고, 결국 이제까지의 삶과는 정반대로 예수가 '하나님의 아들이자 구세주'임을 전하기 위해 목숨을 바치게 된다.

그럼 이번엔 기독교가 어떻게 로마의 국교로까지 받아들여지게 되었는지 그 배경을 살펴보자. 로마인들은 본래 원시적인 수준에서 자연을 숭배하는 다신교의 입장이었다. 그러나 고대 그리스인과의 교류가 시작되면서 동쪽 지방의 열두 신을 믿게 되었다. 특히 로마가 동방세계까지 지배한 이후에는 이집트의 밀교(密教)[15]나 페르시아의 미트라(Mithra)교[16]와 같은 신비주의 종교가 로마 제국에 전해졌고, 그로 인해 로마인들은 현세에 대한 관심보다는 내세에 대한 소망을 품게 되었다.

또한 마케도니아 왕국의 알렉산드로스 대왕 이후에 유행하기 시작한 군주 신격화의 경향은 로마의 대영토 통치라는 국가정책과 결합해 황제숭배교로 전국에 퍼졌다. 그러나 당시 유대 이스라엘로부터 건너온 기독교는 오직 하나님 한 분만을 섬기는 유일신 신앙을 갖고 있어 황제를 신으로 모시라는 로마의 신앙과는 도저히 합치할 수 없었다. 여기에서 서로 치열한 대립과 갈등이 빚어질 수밖에 없었는데, 초기 기독교 신자들의 처절한 순교가 이어지면서 기독교는 민간인들 사이에서부터 점차 확대되기 시작했다. 결국 기독교는 황제숭배교 뿐만 아니라 여타 다른 종교들까지 압도하고, 이후 중세 전체를 통해 유럽 사상계를 통일하게 된다.

이 무렵 로마의 정치 상황은 원로원(元老院) 전제시대에서 군인 독재시대로 넘어가고 있었다. 귀족당의 우두머리 폼페이우스는 한때 크게 이름을 떨쳤지만, 이후 빈민당의 거두 카이사르(Caesar, 시저)가 폼페이우스 및 크라수스와 함께 이른바 삼두(三頭)정치를 실시했다. 카이사르는 기원전 45년에 로마를 통일했으나 1년 후 공화주의자에게 암살되고, 그의 조카인 옥타비아누스와 안토니우스, 레피두스 장군 등이 다시 삼두정치를 세웠다. 그리고 기원전 41년 옥타비아누스가 지중해를 통일한 이후, 로마는 오랫동안 평화시대에 접어들었다.

이후 오현제가 다스리는 동안 로마는 크게 발전했고, 그 동안 로마의 문화는 식민지 속국의 방방곡곡까지 보급되었다. 따라서 동쪽 유대 나라의 예수는 정치적으로는 안정되어 있으면서도 조국이 로마의 속국으로 전락해 있는 신정 체제에서 산 것이다.

앞에서 잠깐 언급했지만, 스데반 집사의 순교 이후 유대교 신자들의 기독교 신자들에 대한 박해는 광범위하고 극렬하게 퍼져나갔다. 이들이 예루살렘 교회 전체를 압박하기 시작했기 때문에 기독교 신자들은 열두 사도만 예루살렘에 남긴 채 유대와 사마리아, 다마스쿠스로 도망쳐야 했다. 그러나 기독교 신자들은 가는 곳마다 예수를 전했고, 결과는 기독교에 대한 박해가 오히려 기독교의 영역을 확대하는 쪽으로 흘러갔다.

동시에 예수 믿는 자들을 잡으러 다니던 사울이란 청년이 회심하고 온힘을 다해 기독교의 복음을 전하기 시작했다. 예수 믿는 자들을 박해하던 자가 갑자기 예수를 전하니 주변에서 그를 믿지 않는 것은 당연했다. 이에 바울은 아라비아 사막으로 가서 3년 동안 수도생활을 하고, 그 후 고향인 길리기아의 다소로 돌아가 약 10년 동안 조용히 지낸다. 그러다 예루살렘과 안디옥으로 가서 기독교를 이방인과 로마 세계에 전하기 위해 정력적인 활동을 시작한다.

세 차례에 걸친 세계전도 여행 중 제2차 여행에서 바울은 유럽으로 건너가 전도하는 것을 보류하고, 소아시아 쪽으로 방향을 돌리려 했다. 그런데 이때 누군가 환상 중에 나타나 '바다를 건너 마케도니아로 와서 우리를 구해 달라'는 음성을 전한다. 이에 바울은 의사인 누가(누가복음 및 사도행전의 저자)와 함께 소아시아의 끝 드로아에서 바다를 건너 유럽의 첫 번째 도시인 빌립보로 들어서게 된다. 바로 이것이 아시아에 앞서 유럽(로마)으로 기독교가 먼저 전파되게 된 결정적 사건이 된다.

서기 59년, 새로운 로마의 총독 베스도에게 바울을 고발하는 고소장이 제출되었다. 총독은 재판을 열었으나 바울의 죄를 증명할 수 없었다. 원래부터 제국의 수도인 로마에서 복음을 전해야겠다는 열망을 품고 있던 바울은 "로마에서 직접 황제의 재판을 받고 싶다"는 뜻을 전했다. 이는 로마 시민권을 가진 바울 같은 사람의 특권이기도 했다. 이에 베스도 총독은 피고 신분의 바울을 로마까지 호송한다. 우여곡절을 겪은 끝에 드디어 바울은 쇠사슬에 묶인 모습으로 로마에 도착했으며, 이 장면을 보기 위해 수많은 사람들이 몰려들었다. 로마에서 바울은 상당히 큰 집에서 살 수 있도록 허락을 받았다. 그러나 로마에서도 그는 유대인들을 모아놓고 "예수야말로 유대인들이 오랫동안 기다려왔던 메시야"임을 설파한다. 2년 동안 복음을 전하던 바울이 이후 어떻게 되었는지 성경은 기록하고 있지 않다. 그러나 그 역시 베드로 및 다른 사도들과 마찬가지로 순교했을 것으로 보는 것이 일반적이다.

바울의 생애와 그 자신이 기록한 신약성경에 힘입어 기독교는 비약적으로 발전하고, 2세기 중엽에는 로마 제국 여러 곳에서 기독교 단체가 생겨났다. 그러나 로마인들은 이들에 대해 국가 종교를 파괴하고, 공공질서에 대해 적대하는 자로 간주해 국가적 차원에서 조직적인 박해를 가했다. 사자의 밥이 되어가면서까지 신앙을 지킨 초기 기독교 신자들의 삶이 얼마나 비참했는지는 지금도 로마 시내 곳곳에 남아 있는 카타콤베(지하공동묘지)에 가보면 여실히 알 수 있다. 그들은 말을 탄 로마 병사들이 쫓아오지 못하도록 땅속 깊숙한 곳에 들어가 미로처럼 연결된 곳에 여러 개의 방을 만들고, 그곳에서 먹고 마시고 예배하며 하나님을 경배했다. 아이가 태어나면 그곳에서 키우고, 사람이 죽으면 벽을 파고 그대로 집어넣었다.

그런데 놀라운 사실은 겉보기에 교양과 윤리적 풍모를 갖춘 로마의 황제일수록 기독교에 대해서만큼은 지독한 강경 정책을 썼다는 점이다. 폭군이자 패륜아인 네로는 말할 것도 없고 도미티아누스, 트라야누스, 마르쿠스 아우렐리우스 같은 황제도 끼어 있었다. 아마 신흥 이단종교인 기독교를 제압하는 것이야말로 진정 애국하는 길이요, 백성을 보호하는 일이라 여겼던 것 같다.

하지만 탄압이 혹독하면 할수록 더욱 기독교가 강화되는 결과로 나타났는데, 기독교 신자들은 예수 그리스도를 위해 죽는 일을 큰 영광으로 받아들이면서 특유의 도덕적 품성과 인내심을 높여나간 것이다. 이처럼 기독교 신자 수가 크게 늘어나자, 마침내 313년 콘스탄티누스 대제는 '밀라노 칙령'으로 기독교를 공인하기에 이르렀다. 325년 니케아공의회에서는 아리우스파[7)]를 쫓아내고, 성부와 성자가 영원히 동질적이라고 하는 아타나시우스파의 교리가 교회의 정통교리로 채택되었다.

392년에는 기독교 이외의 다른 종교에 대한 숭배가 금지되었고, 395년 테오도시우스 1세는 기독교를 로마의 국교로 선포했다. 그리고 마침내 529년, 유스티니아누스 1세는 아테네의 아카데메이아를 폐쇄하고, 기독교 이외의 철학을 모두 금지시켰다. 이것은 그리스의 이성주의 철학 대신 기독교 신앙이 시대적 이념으로 등장했음을 상징적으로 보여준 사건이라 해야 할 것이다.

과연 예수는 메시아인가 저주받은 자인가? 그를 메시아로 인정하는 쪽과 선지자 또는 세계 4대 성인 가운데 한 사람으로 간주하는 쪽이 나뉘어져 있다. 그렇다면 다시 한 번 그 부분을 조명해보기로 하자.

하나님의 아들인가 성인 중 한 사람인가, 예수의 생애

사람들은 세계 4대 성인 중에서도 유독 예수에 대해서만큼은 두 가지 관점을 갖고 있는 것 같다. 하나는 문자 그대로 성인(聖人) 가운데 한 '사람'으로 보는 것이고, 다른 하나는 '하나님의 아들', 즉 신으로 보는 것이다. 과연 예수는 인류에 커다란 가르침을 준 위대한 인간인가, 아니면 기독교에서 말하듯 신의 속성을 지닌 하나님의 아들인가?

예수의 탄생과 성장

이와 관련해 성경은 '이 아들로 말하면 육신으로는 다윗의 혈통에서 나셨고, 성결의 영으로는 죽은 가운데서 부활하여 능력으로 하나님의 아들로 인정되셨으니, 곧 우리 주 예수 그리스도시니라(롬 1:3~4)'라고 말한다. 즉, 예수의 인성과 신성 모두를 인정하고 있는 셈이다. 물론 이 책에서는 그를 철학사적 관점에서 성인의 한 사람으로 고찰하는 것이 온당하다 여긴다. 하지만 성경의 내용을 참고하기 위해 함께 곁들여 썼음을 미리 밝힌다.

예수는 유대 나라에서도 변두리에 위치한 갈릴리의 조그만 마을 나사렛에서 가난한 목수의 아들로 태어났다. 당시(약 기원전 4년) 로마에서는 아우구스투스가 황제로 즉위해 있었고, 유대 나라가 속한 팔레스타인의 분봉왕(어느 일정한 지역을 관할하는 왕)에는 헤롯이 임명되어 있었다.

이에 대해 성경은 '헤롯왕 때 예수께서 유대 베들레헴에서 나시매 동방으로부터 박사들이 예루살렘에 이르러 … 아기께 경배하고 보배합을 열어 황금과 유향과 몰약을 예물로 드리니라 … 저희 동방박사가 떠난 후에 주의 사자가 요셉에게 현몽하여 가로되 헤롯이 아기를 찾아 죽이려 하니 이집트로 피하라고 현몽하다 … 헤롯이 죽기까지 거기 있었으니 … 헤롯이 죽은 후 … 이스라엘 땅으로 들어오니 … 이스라엘로 왔으나 아켈라오가 그 부친 헤롯을 이어 유대의 임금 됨을 듣고 … 갈릴리 지방으로 떠나가 나사렛이란 동네에 와서 사니 … (마태복음

2장)'라고 되어 있다.

여기에서 출생지가 나사렛이 아닌 베들레헴(다윗의 고향)으로 된 것은 아마 그를 다윗 왕가의 후손으로 기록하기 위함이 아니었을까 하는 의견이 있다. 어쨌든 예수는 나사렛 동네에서 자란 셈이 된다. 그리고 동방 박사들이 가져온 선물에도 중요한 의미가 들어있으니, 황금은 예수의 인성(人性)과 왕권을 상징하고, 유향은 성전에서 제사를 지낼 때 분향을 위해 바치는 향료이기 때문에 예수의 신성(神性)을 나타내며, 몰약(沒藥)은 시체에 바르거나 사형수에게 마취제로 사용되었기 때문에 예수의 십자가 수난과 죽음을 암시한다고 볼 수 있다.

그의 탄생과 관련해 성경에는 '예수 그리스도의 나심은 이러하니라. 그 모친 마리아가 요셉과 정혼하고 동거하기 전에 성령으로 잉태된 것이 나타났더니, 그 남편 요셉은 … 가만히 끊고자 하여 이 일을 생각할 때 주의 사자가 현몽하여 가로되 … 저에게 잉태된 자는 성령으로 된 것이라 아들을 낳으리니 이름을 예수라 하라(마태복음 1:18~21)'고 되어 있다.

이를 다시 설명하면 다음과 같다. 본래 요셉과 마리아는 한 동네에서 자란 총각과 처녀로 둘은 결혼하기 전의 상태, 즉 약혼 상태에 있었다. 따라서 동침하기 전에 아이를 가졌다는 말이 되는데, 당시 처녀가 임신을 하면 돌로 쳐 죽이는 무시무시한 관습이 있었다. 물론 상대 남자는 그저 고발만 하면 책임으로부터 벗어날 수 있었다. 그러나 자비로운 성격의 요셉은 그렇게 하지 않고, 조용히 사건을 매듭지으려 했던 것 같다. 이 와중에 하나님께서 보내신 천사가 요셉의 꿈에 나타나 "이 아이는 특별히 하나님의 영으로 잉태되었으니 아내를 의심하지 말라"고 하는 말과 함께 아이의 이름까지 지정해준다. 결국 인류의 구세주가 탄생하는 데 있어 요셉과 마리아의 역할은 그저 몸만 빌려주었다는 뜻이 된다.

여기에서 '왜 하나님의 아들이 굳이 사람의 육신을 입고 이 땅에 올 수밖에 없었는가?'하는 의문이 생기는데, 이는 예수 본성의 이중성과도 관련이 있다. 먼저 아담의 타락으로 말미암아 죄가 인류에게 들어왔고, 이 죄의 대가로 인간은 영원히 죽을 수밖에 없는 운명에 놓여 있었다. 이러한 인간을 구원하기 위해 구약에서의 제물처럼 반드시 피가 필요했다. 왜냐하면 구약성경은 '피 흘림이 없은즉 죄 사함이 없다'고 말하고 있기 때문이다. 그리고 피는 영(靈)이 아닌 인간의 몸에서만 흘러나올 수 있기에 예수는 인간의 육신을 입고 태어날 수밖에 없었던 것이다.

둘째, 예수가 부활하기 위해서는 평범한 인간의 수준을 뛰어넘어야 했다. 다시 말해 특별한 신적 능력이 필요했다는 것이다. 그래서 그는 인간의 씨앗이 아닌 성령으로 잉태되어야 했던 것이다. 남자의 씨가 아니라 성령으로 잉태된 데에는 '흠 없는 어린양'처럼 죄의 씨앗을 전혀 갖지 않는, 제물의 자격이 필요했기 때문이기도 했다.

예수의 아버지 요셉과 어머니 마리아는 손수 벌어먹고 사는 평범한 사람이었던 것 같다. 물론 당시에는 생활이 매우 단순했으므로 부자의 특권이 별로 없었고, 가난하게 사는 것은 결코 부끄러움이 아니었다. 그의 가족은 많았던 것 같으나 친형제자매는 잘 알려져 있지 않으며, 야고보를 비롯한 네 사람은 그의 사촌형제들이었다.

예수는 암기식으로 읽기와 쓰기를 배웠다. 그러나 율법학자들이 가르치는 상급학교에는 다니지 않았다. 그는 구약성경을 읽고 깊은 감명을 받았는데, 그는 메시아에 대한 신앙에 많은 관심을 가졌다. 이 땅에 내려오는 메시아, 차례로 멸망하는 나라들, 천지의 대변동 같은 예언은 예수에게 아주 자연스러운 것이었다. 그는 귀신을 믿었고, 기적과 같은 일은 그에게 이상야릇한 일이 아니라 지극히 정상적인 상태였다. 세상에서의 모든 일은 신의 자유로운 의지에서 나온 결과라고 믿었기 때문이다.

예수의 어린 시절에 대해서는 자세하게 알려져 있지 않다. 다만 성경에는 열두 살 되던 해 유월절에 예루살렘에 올라갔다가 그 부모가 그를 놓아둔 채 고향으로 돌아가다가 사흘 만에 다시 만났다는 대목이 나온다. 그리고 '예수는 그 지혜와 그 키가 자라가며 하나님과 사람에게 더 사랑스러워 가시더라(누가복음 2:52)'는 구절이 적혀 있을 뿐이다. 또 서른 살 되던 해, 요단강가에서 세례 요한으로부터 세례를 받기 이전까지 그는 아버지의 직업을 이어받아 목수 일을 했을 것으로 추측된다.

세례를 받은 이후 예수는 광야에서 40일 동안 금식하고, 마귀로부터 세 가지 시험을 받는다. 이를 무사히 통과한 예수는 갈릴리 지방에서부터 복음을 전하기 시작했는데, 그 첫 마디는 "회개하라, 천국이 가까웠느니라"였다. 그가 처음 보인 기적은 가나 지방의 혼인잔치 집에서였다. 잔치의 마지막 순간에 포도주가 다 떨어져 가자 그는 항아리에 물을 가득 채우게 한 다음, 맛이 뛰어난 포도주로 변하게 했다. 그는 떡 다섯 개와 물고기 두 마리로 오병이어(五餅二魚)의 기적을 베풀었으며 스스로 물 위를 걷는가 하면, 제자 베드로로 하여금 물 위를 걸어오게도 만든다. 또 중풍병자와 열병 환자를 고치고, 귀신 들린 자에게서 귀신을 쫓아내고, 열두 해 동안 혈루증(血漏症)을 앓던 여자를 고치고, 소경의 눈을 뜨게 하고, 벙어리의 입을 열게 하고, 앉은뱅이를 일으켜 스스로 걷게 한다.

그의 사역은 치료하고, 가르치고, 하나님의 나라를 전파하는데 모아졌으며, 이러한 일은 약 서른 살부터 3년 남짓 이어졌던 것 같다. 그러나 인류의 죄를 대신 갚기 위해 그는 피 흘려 죽어야 하는 사명을 타고 났기 때문에 모든 상황은 이에 맞추어 진행된다.

당시 로마의 입장에서 보면, 식민지 땅의 어느 젊은 청년이

센세이션을 일으키며 대중을 떼 지어 몰고 다니는 행위는 결코 통치에 도움이 되지 않을 거라 판단했을 것이다. 이에 로마 총독의 자격으로 유대 나라에 파견 나와 있던 빌라도가 예수의 죽음에 관여한다. 또 유대의 지도자에 속하는 제사장들이나 서기관, 바리새파(Pharisees)[18] 지도자들에게 예수는 참으로 거추장스럽고 불편한 존재였다. 왜냐하면 백성들을 율법에 얽매어 놓아 나름 잘 유지되고 있던 그들의 기득권이 예수에 의해 여지없이 짓밟힐 처지에 놓였기 때문이다. 이들은 유대인들을 꼬드기는 한편, 평소 돈에 집착했던 예수의 제자 유다에게 접근해 스승을 고발하게 만든다. 결국 그는 이미 예정된 하나님의 일에 '악의 도구'로 쓰임을 받고 양심의 가책을 받아 스스로 목숨을 끊는다.

예수의 죽음과 부활

마침내 예수가 붙잡히자 그토록 충성을 다짐했던 수제자 베드로부터 변절해 '닭이 울기 전에' 예수를 세 번이나 부인하는 일이 벌어진다. 여기에서 예수가 십자가에 매달린 그 이후 상황에 대해 알아보자.

그가 숨을 거두는 순간, 땅에서는 지진이 일어나 주변에 있던 사람들이 매몰되고, 예루살렘 성전의 두꺼운 휘장(揮帳)이 위에서 아래로 찢어졌다고 한다. 그것은 하나님과 인간들 사이에 죄로 인해 가로막혀 있던 벽이 예수의 죽음으로 인해 무너졌고, 그래서 이제 누구나 하나님 앞으로 직접 나아갈 수 있다는 영적 의미를 갖는다. "다 이루었다"는 그의 말처럼, 그가 이 땅에 내려온 목적이 모두 달성된 것이다.

그가 숨을 거두자 로마 병사들은 옆구리를 창으로 찔러 죽음을 확인했다. 혹 살아나더라도 도망가지 못하게 다리마저 뒤로 꺾도록 되어 있었으나, 이미 죽음을 확인했기 때문에 그럴 필요는 없었다. 해가 저물자 요셉(아리마대 출신의 부자, 예수의 제자)이 빌라도에게 예수의 시체를 달라 요구하고, 그 시체를 바위 속에 파놓은 자신의 새 무덤에 놓고 간다. 이튿날은 안식일(토요일)이었는데, 안식 후 첫 날(일요일) 새벽에 막달라 마리아와 다른 마리아가 무덤을 보러 왔다. 그러나 무덤은 이미 비어 있었다. 천사로부터 예수가 다시 살아났다는 소식을 전해들은 그들은 이 사실을 제자들에게 급히 알렸고, 그들보다 앞서 갈릴리로 내려간 부활 예수는 오백여 명에게 자신의 몸을 보이고 40일 동안 지상에 머물다 제자들에게 '땅 끝 전도'로 요약되는 마지막 유언을 남긴 채 하늘로 올라간다.

비겁하게 도망쳤던 제자들이 회개하면서 마가의 다락방에 모여 열심히 기도할 때, '홀연히 하늘로부터 급하고 강한 바람 같은 소리가 있어 저희 앉은 온 집에 가득하며, 불의 혀같이 갈라지는 것이 저희에게 보여 각 사람 위에 임하더니, 저희가 다 성령의 충만함을 받고 성령이 말하게 하심을 따라 다른 방언으로 말하기를 시작한다(사도행전 2:2~4)'고 되어 있다. 다시 말해, 성령이 이 땅에 내려옴으로써 예수 혼자 감당해야 할 사역들이 동시다발적으로 여러 곳에서 한꺼번에 일어날 수 있는 여지가 생긴 것이다. 이러한 의미에서 예수는 "내가 하늘로 올라가는 일이 너희에게 오히려 유익"이라고 말한 것 같다.

지금까지 진행된 상황으로 보면, 예수가 단순히 평범한 인간에 머물렀다고 볼 수는 없을 것 같다. 죽은 후 부활했다거나 하늘로 올라갔다거나 하는 말들은 상식이나 과학으로 이해할 수 없는 것이기 때문이다.

성경대로 해석하자면, 지금은 예수 시대가 아니라 성령 시대다. 예수는 하늘 보좌 우편에 앉아 지금도 모든 인류를 위해 기도하고 있으며, 성령이 이 땅에 내려와 예수가 재림할 때까지 그의 사역을 대신하고 있다. 바로 이것이 기독교 사상의 대략적인 요점이다.

이스라엘인들이 보는 예수

그렇다면 기독교와 이스라엘은 어떤 관계에 있는가? 예수는 분명 이스라엘 사람, 즉 유대인이었다. 그런데 오늘날 전 세계에 교세를 확장해가는 기독교가 왜 유독 이스라엘에서는 맥을 추지 못하는 걸까? 아직도 이스라엘인들은 예수를 중간 정도의 선지자로 받아들이고, 따라서 전통적인 유대교 신앙을 고집하는 그들은 여전히 초림 메시야를 기다리고 있다. 아직까지 이 땅에 구세주는 오지 않았다는 것이다.

일찍이 예수는 "예루살렘의 딸들아, 나를 위해 울지 말고 너와 네 자녀들을 위해 울라!"고 말했다. 그가 예언했던 대로 기원후 70년에 예루살렘은 로마 티토(Tito) 장군에 의해 멸망했고, 하나님께서 아브라함에게 약속했던 가나안 땅(지금의 팔레스타인 땅)에서 결국 쫓겨나게 되었다. 그 후 유대인들은 전 세계로 흩어져 1,900년 동안 나라 없는 설움 속에 유랑 생활을 해야 했다.

그러다 1948년 5월, 제2차 세계대전 전까지 영국의 위임통치령에 놓여있던 팔레스티나에 이스라엘 공화국이 건설되었고, 유대인들은 아랍 세력을 몰아냈다. 이후 1967년 6월 제3차 중동전쟁에서 225만 명의 이스라엘은 14개국이 연합한 아랍 군대에 맞서 시나이 반도를 점령하고 예루살렘을 회복했으며, 골란 고원을 탈환해 전쟁 이전보다 세 배가 넘는 영토를 차지하게 되었다. 일이 이렇게 되자, 이곳에 2천 년 동안 살고 있던 약 110만 명에 이르는 아랍 난민들이 전체 땅의 80%를 차지하는 유대 민족을 몰아내고 옛 땅을 도로 찾자는 운동이 일어났다. 이것이 '팔레스티나 해방운동'이다.

결국 오늘날 '세계의 화약고'라 불리는 중동에서 전쟁이 끊이지 않는 것은 첫째, 아브라함의 불신앙에서 비롯되었다고 볼수 있다. 그는 하나님의 약속을 끝까지 믿지 못해 아내(사라)의 몸에서 적자(이삭)를 낳기 전에 첩(하갈)에게서 서자(이스마엘)를 낳아버렸다. 이 때문에 이삭의 후손인 이스라엘과 이스마엘의 후손인 아랍 민족이 싸우는 형국이 된 것이다.

둘째, 유대인들의 전통적인 종교인 유대교 혹은 기독교 대 이슬람교의 대립 국면이다. 이와 관련해 예루살렘은 유대교, 기독교, 이슬람교 모두에서 성지로 간주되며, 따라서 그 어느 쪽도 양보할 수 없는 입장에 놓여 있는 것이다. 혈통, 종교, 영토 어느 면에 있어서도 도저히 합의점을 찾을 수 없을 것 같은 팔레스타인의 비극은 과연 언제 끝날 것인가?

만일 이스라엘 민족에 의해 세계가 통일되는 날을 '그 날(세상의 종말 또는 예수 재림일)'로 간주한다면, 오늘날 세계 곳곳에서 벌어지고 있는 유대 민족의 비상함은 인류의 관심을 끌기에 충분하다. 예컨대, 유대인 출신인 록펠러 가와 로스차일드 가문에 의해 세계경제가 지배되고 있다거나 세계 유수의 언론을 유대인들이 소유함으로써 세계 여론을 형성·지배하고 있다는 이야기, 노벨상 수상자의 20퍼센트를 유대인들이 차지하고 있다는 이야기가 심심찮게 들려오기 때문이다. 예수를 배출하고도 여전히 전통적인 유대교에 집착하는가 하면, 적은 인구로 전 세계에 막강한 영향력을 행사하고, 거대한 아랍제국에 맞서 수십 년 동안 중동 지역에서 제 목소리를 내오고 있는 이스라엘. 그 결말이 주목받는 이유가 바로 여기에 있다.

예수, 그는 하나님의 아들인가 아니면 단순히 한 인간이었던가? 이에 대한 답변은 사람에 따라, 앞으로의 세계 역사에 따라 달라질 수밖에 없다.

이성인가 계시인가, 기독교 신학의 전성시대

지식과 신앙, 철학과 신학은 결코 양립할 수 없는 것인가?

먼저 중세 유럽에 기독교가 접목된 과정을 살펴보기로 하자. 중세 유럽의 문화는 한 마디로 기독교의 교리와 가치관이 지배하는 기독교 문화였다. 기독교적 전통과 하나님의 권위만을 강조하는 신학이 발전했고, 교육이나 건축, 미술, 문학 등도 모두 기독교적인 범주 안에서 받아들여졌다. 최고의 학문적 권위를 자랑하던 철학마저도 기독교적 신학을 뒷받침하는 데 머물렀기 때문에 심지어 '철학은 신학의 시녀'라는 말까지 등장했다.

교부의 상징 – 아우구스티누스

처음 기독교에 대해 적대적 태도를 취했던 로마, 그곳이 어떻게 기독교를 전파하는 중심지 역할을 하게 되었는지 아이러니가 아닐 수 없다. 로마 교회가 이교도들에게 자신을 변호하기 위해 교리를 정리해 나가는 과정 속에서 교부철학(教父哲學)이 성립했다.

기독교는 로마의 체계적인 국가조직과 법, 잘 발달된 도로망을 타고 급속도로 전해지기 시작했지만, 제국의 확장과 더불어 교리 역시 새롭게 거듭나지 않으면 안 되었다. 제국의 확장은 필연적으로 많은 나라의 서로 다른 언어 사용을 가져왔고, 여기서 '논리'의 필요성이 대두되었기 때문이다. 단순히 '예수를 믿어라'가 아니라 '과연 왜 예수를 믿어야 하는지'에 대해 논리적이고 합리적인 설명이 필요하게 된 것이다.

이때 주로 사용된 것이 그리스 철학이었다. 유대 나라에서 전해진 기독교는 이성주의 논리로 무장된 그리스 철학을 필요로 했다. 이에 따라, 그리스 철학은 기독교 교리를 조직하고 이교(異敎)의 논리를 파괴하는 데 이용된 것이다. 기독교는 그리스 철학을 바탕으로 확고한 교리를 세우고, 로마 제국의 번성과 더불어 세계 도처로 확산되었다.

물론 초창기 예수의 제자들에 의해 전파되고, 사도 바울이 그의의를 밝혀놓은 기독교 복음은 원래 단순하고 소박했다. 그러나 같은 말이라도 사람에 따라 해석이 달라지듯 성경을 해석하는 입장에 따라 서로 다른 설(교리)이 나오게 되었다. 그래서 어떤 해석을 이단적인 것으로 보아 물리칠 것인지, 또 어떤 것을 정통으로 보아 선택할 것인지에 대한 문제가 대두되었다. 이러한 문제를 해결하면서 초기 기독교 교리의 조직에 힘쓴 사람들이 교부(敎父, '교회의 아버지'라는 뜻)이며, 그 가운데 대표적인 인물이 아우구스티누스(Augustinus)다. 아우구스티누스에 의해 마침내 논리를 앞세우는 철학과 믿음을 강조하는 종교가 상호 긍정적인 종합 및 화해로 발전하게 된다.

성(聖) 아우구스티누스는 이교도인 아버지와 독실한 기독교 신자인 어머니 사이에서 태어났다. 어린 시절부터 청년기까지 방탕한 세월을 보낸 그는 마침내 세례를 받고, 이단 종교인 마니교(摩尼敎)에서 기독교로 개종하게 된다. 개종 이후 마니교파와 정신적으로 대결하면서 『자유의지론』을 써나갔으며, 391년에 사제 서품을 받고 395년에는 히포(Hippo)의 주교가 되었다. 반달족(Vandals)이 그 도시를 점령했을 때도 그는 손에 붓을 들고 있었다고 한다. 방탕한 젊은 시절을 보낸 아우구스티누스가 확립해놓은 삼위일체설, 원죄설, 구원설 등이 기독교의 정통교리로 채택되었음은 참으로 놀라운 일이 아닐 수 없다.

결국 하나다 – 삼위일체설

기독교의 신앙을 한마디로 요약하면, 신(하나님)이 하나뿐인 아들 예수 그리스도를 이 세상에 보내 십자가에 못 박혀 죽게 함으로써 인간을 죄에서 구원한다는 것이다. 그러므로 무엇보다 하나님과 예수 그리스도, 인간에 대한 상호관계를 정립하는 일이 가장 중요하고도 시급했다. 이 가운데 하나님과 예수 그리스도에 대한 문제는 325년 니케아공의회에서 성부(하나님)와 성자(예수 그리스도)가 영원히 동질적이라고 하는 아타나시우스파의 교리를 정통교리로 채택함으로써 해결되었다. 여기에 381년의 콘스탄티노플 공의회에서 성령이 보태져 삼위일체설이 이루어졌다.

'삼위일체설(三位一體說)'이란 천지만물을 창조한 하나님과 인간의 육신을 입고 이 땅에 내려온 그의 아들 예수 그리스도, 그리고 예수가 죽어 하늘로 올라간 후 그를 대신해 이 땅에 내려온 성령이 하나라는 이론이다. 즉, 각각 나타나는 방식으로서의 위격은 다르지만, 결국 한 몸이라는 교리다.

인간은 원초적으로 죄인 – 원죄설

하나님은 흙에 생기를 불어넣어 최초의 인간 아담을 만드시고, 그의 갈비뼈를 빼내어 평생의 배필 하와를 만들어주셨다. 그리고 이 둘을 에덴동산에서 아무 부족함 없이 잘 살아갈 수 있도록 배려하셨다. 모든 생명나무를 허락하시되 단 한 가지, 선악과만은 따먹지 말라고 명령하셨다. 그런데 뱀의 유혹에 넘어간 하와가 남편인 아담을 끌어들여 하나님의 명령을 어기고 그 과실을 따먹게 만들었다. 하나님의 말씀에 불순종한 죄를 범한 것이다.

이에 대한 벌로 아담은 평생 이마에 땀을 흘려야 음식을 먹을 수 있게 되고, 하와는 해산의 고통을 받게 되었으며, 뱀은 배로 땅을 기며 흙을 파먹고 살 뿐만 아니라 '여자의 후손'이 발뒤꿈치로 그 머리를 깨도록 하는 저주를 받았다. 땅도 저주를 받아 가시와 엉겅퀴를 내고, 원래 영원히 살도록 되어있던 인간들은 반드시 죽어야 할 존재로 전락하고 말았다. 말하자면, 죄가 인간에게 들어옴으로써 저주와 사망이 함께 쳐들어오게 되고, 그리하여 인간은 유토피아로서의 낙원을 상실하고 만 것이다.

뱀과 하와가 먼저 선악과를 따먹었음에도 불구하고, 하나님은 그 책임을 아담에게 물으셨다. 따라서 그의 씨를 받고 태어나는 모든 인간은 태어날 때부터 예외 없이 죄인이라는 것, 이것이 '원죄설(原罪說)'이다. 최초의 인간이자 모든 인류의 조상이기도 한 아담이 죄를 범했기 때문에 그의 씨앗을 물려받은 모든 인간은 태어날 때부터 죄인인 것이다.

그런데 왜 전지전능한 하나님은 인간으로 하여금 자유로운 선택이 가능하게끔 창조해 놓고, 그 자유를 잘못 사용해 죄를 범하게 했을까? 애초부터 자유를 주지 말든지, 기왕 자유를 주었다면 악을 피하고 선을 선택하도록 만들었어야 하지 않을까?

이에 대해 아우구스티누스는 그 역시 하나님의 사랑이라고 말한다. 즉, 하나님께서 인간을 너무나 사랑한 나머지 진정 자유로운 의지를 갖도록 창조했다고 말한다. 만일 돌이나 짐승처럼 타락하고 죄를 저지를 염려가 아주 없게끔 인간을 창조했다면, 그것은 곧 인간으로부터 자유를 빼앗는 일이 되고 말 것이다.

믿음으로 구원 받는다 – 인간의 구원

위에서 말한 것처럼, 인간의 죄는 개인적으로 지은 것이 아니다. 인간은 그가 인간으로 태어났다는 사실 자체로 말미암아 이미 죄인이다. 그러므로 그 죄를 갚는 일 역시 인간 스스로의 힘으로 되는 것은 아니다. 구속(救贖, 예수가 십자가에 못 박힘으로써 인류의 죄를 대속해 구원함) 역시 인간의 힘으로 되는 것이 아니다. 그것은 오직 하나님의 섭리와 은총에 의해서만 가능하다.

인간을 너무나 사랑한 하나님이지만, 공의로우신 그는 죄를 범한 아담을 낙원으로부터 추방해야 했다. 그리고 아담의 후손인 인간은 죄의 대가로 수많은 저주를 받았을 뿐 아니라 죽어야 할 운명을 타고나게 되었다. 그러나 자비로운 하나님은 이러한 인류의 비극을 차마 볼 수 없었다. 그래서 그 죄를 대신 갚도록 하기 위해 예수 그리스도를 이 땅에 보내셨다. 그리고 그로 하여금 십자가 위에서 피를 흘리고 죽게 하셨다.

우리 인간은 하나님께서 보내신 그 아들, 즉 예수 그리스도의 생애와 그 십자가의 공로로 말미암아 구원받을 수 있다. 누구든지 이 예수가 하나님이 보내신 아들임을 믿고 고백하기만 하면 지옥의 영벌을 벗어나 천국의 영생을 얻을 수 있다. 바로 이것이 사도 바울이 주장하고 아우구스티누스가 힘주어 강조한 기독교의 정통교리다.

이러한 교리를 통해 로마교회는 든든한 반석 위에 터를 잡을 수 있었다. 반석처럼 견고하고 흔들리지 않는 믿음을 갈망하던 당시의 사람들은 이렇게 확보된 교회의 힘에 의지함으로써 어느 정도 마음의 평안과 만족을 얻을 수 있었던 것으로 보인다.

중세유럽의 형성

기독교신학이 지배한 중세의 유럽과 지형은 어떻게 형성된 것일까? 4~6세기에 걸쳐 이루어진 게르만족의 이동으로 라틴족의 로마 제국이 무너지고, 다수의 게르만 왕국이 세워졌다. 그러나 프랑크 왕국을 제외하고는 대부분 일찍 붕괴되었고, 그 와중에도 로마와의 접촉을 통해 공동체적인 게르만 사회가 해체되면서 지방 분권적인 봉건 사회의 기틀이 마련되었다.

또 9~10세기에 이루어진 노르만 민족의 이동은 봉건사회의 형성을 더욱 촉진시켰는데, 이러한 민족의 이동은 역사의 무대를 그리스, 로마에서 북서쪽으로 확대시킴으로써 현재와 같은 유럽 세계가 형성되기에 이르렀다.

게르만족은 원래 스칸디나비아 반도 및 발트 해 연안에서 살던 민족인데, 점차 농업의 비중이 커지면서 기름진 땅을 찾아 남쪽으로 내려오기 시작했다. 그래서 기원전 1세기 무렵에는 라인 강과 다뉴브 강을 경계로 로마 제국과 접촉하게 되었다. 이들은 나쁜 기후와 인구 증가로 인한 농경지의 부족을 경험하고 있었으며, 여기에 호전적인 민족성이 더해져 좋은 기후와 기름진 땅을 가진 로마 제국을 침입하기 시작했다. 이때 귀족들의 사치로 힘을 잃은 로마는 이들을 (대항해 싸우기보다) 농업에 종사토록 하거나 정규군에 용병으로 받아들이기도 했다. 대이동에 앞서 이미 게르만족은 로마 사회에 상당수가 흡수되어 있었던 것이다.

사실 게르만 민족의 대이동에 있어서 결정적인 계기는 375년 중앙아시아의 유목민인 흉노족(匈奴族)[19]이 흑해 연안의 동고트족을 정복하고, 서고트족을 위협한 사건이다. 이때 서고트족이 로마에 도움을 청하면서 다뉴브 강을 건너 로마 영토 안으로 들어오기 시작한 것이다. 이러한 혼란 속에서 로마는 동서로 나누어졌고, 마침내 서로마 제국이 476년 멸망하면서 서고트 왕국, 동고트 왕국, 반달왕국, 부르군드 왕국, 프랑크 왕국, 롬바르드 왕국 등이 세워지게 되었다.

게르만족이 세운 나라들은 대부분 5~8세기에 멸망했다. 다만 프랑크 왕국만은 오랫동안 존속하면서 서유럽 발전에 큰 발자취를 남겼다. 프랑크 왕국은 한때 벨기에와 프랑스를 지배할 정도로 발전했다. 그러나 계속해서 분할 상속이 이루어졌고, 어린 왕들이 잇달아 즉위하면서 정치적 실권이 궁재(宮宰)[20]의 가문으로 넘어가게 되었다. 카를 마르텔 같은 인물은 732년에 침략해 들어온 이슬람군을 격퇴하기도 했으며, 그의 아들 피핀은 롬바르드 왕국을 공격해 이탈리아 북부와 중부를 차지하는 한편, 왕을 몰아내고 카롤링거 왕조를 열기에 이르렀다.

이 피핀의 아들이 그 유명한 카롤루스 대제(大帝)인데, 그는 서로마 제국의 영토 대부분을 회복해 대제국을 건설했다. 또 그는 로마 가톨릭의 보급에도 노력해 교황으로부터 황제의 관을 받았으며, 이로써 외형적으로나마 서로마 제국이 부활하기에 이르렀다. 이때로부터 신성 로마 제국[21]이 성립되기까지 게르만족 출신의 왕들은 로마 황제의 칭호를 유지할 수 있었다.

카롤루스 대제의 아들 루이 1세가 왕위를 차지했으나, 그의 세 아들 사이에서 영토 쟁탈의 내란이 일어났다. 루이 1세가 죽은 후 베르됭 조약[22]이 맺어짐으로써 큰아들 로타르는 황제의 직위와 함께 중부 프랑크와 이탈리아를, 샤를은 서프랑크를, 루트비히는 동프랑크를 각각 차지하게 되었다. 그 후 로타르가 죽자 메르센 조약으로 그 땅은 동서 프랑크에 똑같이 나누어지게 되고, 그의 아들은 이탈리아의 왕위만 갖게 되었다. 결국 이들은 각각 프랑스, 독일, 이탈리아의 기원이 되었다.

이 무렵 제2차 민족 대이동이 일어난다. 이 가운데 가장 규모가 큰 것은 바로 노르만족의 이동이었다. 노르만족은 게르만족의 대이동이 있을 때 스칸디나비아 반도와 덴마크 지역에 살고 있었다. 그 후 7세기부터 영국과 프랑스를 침범하다가 9세기부터 약 2세기에 걸쳐 유럽 전체의 연안과 하천, 내륙에까지 깊숙이 침입해 약탈을 자행했다. 당시 이들은 '바이킹(Viking)'이라 불리며 공포의 대상이 되었다.

이들의 공격에 힘겨워하던 서프랑크의 왕 샤를 3세는 센 강 하류 지역을 이들에게 나누어 주었다. 형편이 이에 이르자 이들은 다시 눈을 영국으로 돌려 1066년에는 그 땅을 정복하기에 이르렀다. 이것이 잉글랜드 왕국의 출발이다.

또 스웨덴 지방의 노르만족은 862년 동유럽의 슬라브족을 점령하고, 노브고로트 왕국을 세웠다. 이어 882년에는 키예프 공국을 건설했는데, 이것이 러시아의 기원이 되었다. 프랑스의 노르만족은 남부 이탈리아로 진출해 나폴리 왕국을 건설했고, 시칠리아 섬을 점령했다. 그리고 로제르 때는 두 지방을 합쳐 양시칠리아 왕국을 세웠다. 원주지에 남아있던 사람들은 스웨

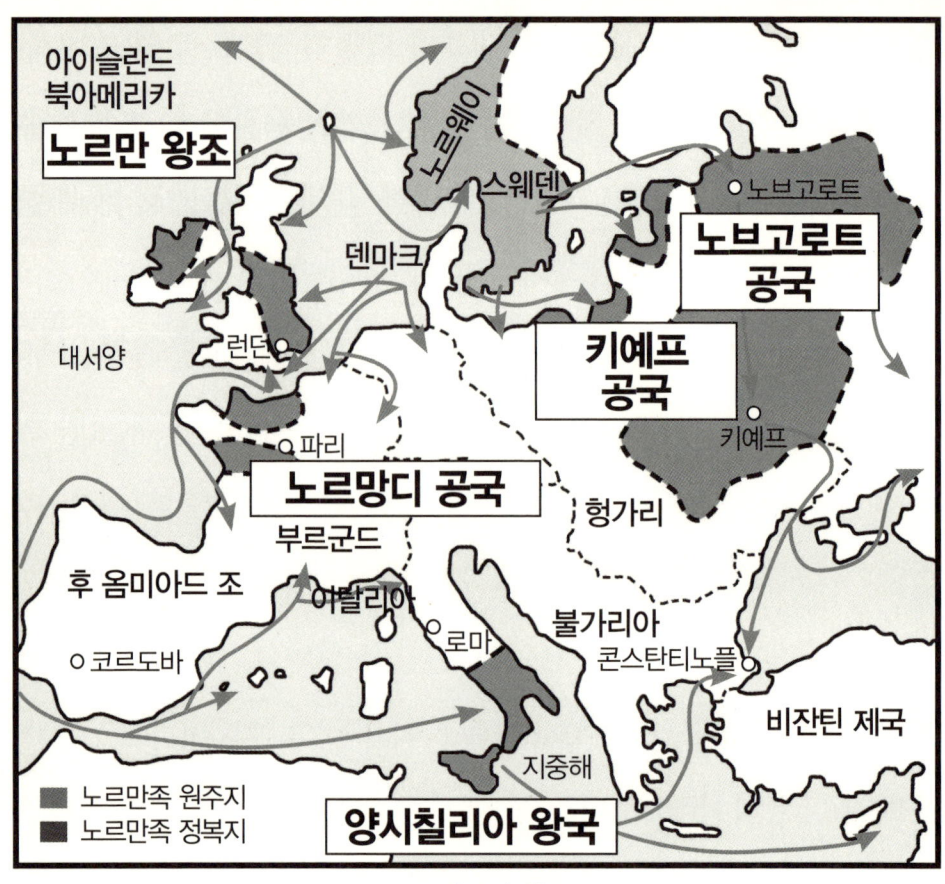

노르만족의 활동

덴, 덴마크, 노르웨이 등을 세웠으며, 덴마크 사람들은 대서양을 건너 아메리카까지 진출하기도 했다.

비잔틴 세계

395년 로마 제국이 동서로 나뉜 후, 서로마 제국은 게르만족의 침입에 무너진 반면, 동로마 제국은 1453년 오스만 투르크에 멸망할 때까지 존속했다. 비잔틴 제국의 힘은 대체로 미약했으나, 로마 문화를 계승하고 오리엔트 문화를 덧붙여 독특한 문화를 창조했다.

동로마 제국의 세력을 크게 키운 황제는 유스티니아누스 대제였다. 그는 아프리카의 반달 왕국과 이탈리아의 동고트족을 격파하고, 서고트족으로부터 이베리아 반도의 일부를 되찾았다. 나아가 시칠리아, 코르시카 등 여러 섬까지 병합했다.

그러나 그가 죽은 후, 동로마 제국은 지방 귀족이 득세해 내란이 잦아지고, 여기에 이민족의 침입이 겹쳐 많은 땅을 잃고 급속히 멸망해갔다. 7세기 후반에는 이슬람 세력에게 수도인 콘스탄티노플까지 침략을 당하기도 했다. 이후 11세기에는 셀주크 투르크 세력에게 또 다시 소아시아의 땅을 빼앗겼고, 13세기 초에는 같은 기독교도인 십자군에게 콘스탄티노플을 점령당하는 수모를 겪기에 이른다. 결국 1453년 동로마 제국은 오스만 투르크에게 멸망당하고 만다.

스콜라 철학의 대표 – 토마스 아퀴나스

11세기 이후 비잔틴에서 보존된 아리스토텔레스 철학이 이슬람을 거쳐 유럽에 다시 소개되면서 스콜라 철학이 성립되었다. 스콜라 철학의 주된 주제는 신앙과 이성, 실재론(實在論)과 유명론(唯名論)의 사상적 대립 문제였다.

'스콜라'라는 이름은 일종의 교과학습(Scholastik)에서 유래했으며, 당시 수도원에 부설된 학교에서는 성직자들을 교육하고 지도하려는 목적에서 이러한 과정을 두었다. 일반 학생들이 아니라 장차 교회의 사제들, 오늘날로 말하면 목사나 신부들을 양성하기 위한 교육기관이었기 때문에 주로 가르치는 내용은 성경이었을 것이다. 그리고 가르치는 목적은 교부철학 시대에 거의 완성해놓은 기독교의 교리를 설명하고 논증하는 것이었다.

결국 스콜라철학의 목적은 어떤 새로운 진리를 발견하는 것이라기보다는 이미 성경에 계시된 진리를 어떻게 합리적으로 뒷받침할 것인가 하는 것이었다. 이를 위해 합리적 사유의 방법인 철학을 이용했고, 따라서 이때의 철학은 철학 고유의 목적이 아니라 오직 기독교 신학에 그 이론적 정통성과 근거를 제공하는 데 목표가 있었다.

스콜라 초기에는 '개별자가 먼저냐, 보편자가 먼저냐?'라는 보편논쟁이 철학의 중심을 이루었다. 이 세상에는 수많은 개별적 존재(홍길동, 김영희 등)와 그 존재들을 대표하는 보편적 개념(사람, 인간)이 있게 마련이다. 그런데 이 두 가지 중 어느 쪽이 더 근본적이고 원초적인 것인가? 각각의 사물들이 먼저인가, 그 사물들을 통칭하는 보편자(혹은 일반자)가 우선인가?

중세 초기에 나타난 보편논쟁은 현실세계에 존재하는 개별적이고 구체적인 개별적 존재보다 그것들을 총괄하는 보편적 개념에 더 많은 의미와 가치를 부여하는 '실재론'과 이와는 반대로 오직 개별자만이 현실적이며 일반자는 단지 우리 관념 속에서나 존재할 수 있는 이름 명목에 불과하다는 '유명론'으로 대립되어 전개된다.

실재론의 입장을 취한 학자는 에리우게나와 안셀무스, 유명론의 대표자는 로스켈리누스다. 그리고 이 두 진영의 대립을 조화시키기 위해 나타난 것이 아벨라르의 중간적 입장이다. 이 가운데 아벨라르는 보편개념이 개별자보다 앞선다거나 개별자가 보편개념보다 더 실제적이라고 말하지 않았다. 그는 둘 사이를 중재하는 입장에서 개별자 '속에' 보편이 들어있다고 주장했다.

가령 '사람'이라고 하는 보편개념 속에는 각각의 개별적인 인간에게 주어져 있는 '사람다움'이라고 하는 동일한 특징이 주어져 있다. 그러나 보편개념인 사람은 결국 소크라테스나 플라톤 같은 개별적 인간에게만 있을 수 있다. 다시 말해, 보편은 개별자에 앞서거나 뒤서지 않고, 그 개별자 가운데 들어있다는 뜻이다.

중세 초기에는 교회 성직자만이 지식계급에 속해 있었다. 따라서 성직자가 소속된 교회와 수도원은 신앙을 다지는 기관이자 학문을 연구하는 중심지였고, 세상 교육을 담당하는 유일한 학교이기도 했다. 그러나 아라비아 수학과 기하학이 들어옴으로써 학문의 양과 질이 급속히 늘어나고, 화폐경제의 발달로 많은 사람들이 교류하게 되었다. 또 봉건제도의 발달로 새로운 관료들이 필요하게 되자 교육의 수요는 급속히 늘어났다. 이에 따라 12세기 후반에서 13세기 초에 걸쳐 일종의 길드(guild)인 교수조합 혹은 학생조합이 결성되면서 대학이 세워졌다.

이들 조합은 군주나 교회로부터 자유를 얻어내기 위해, 또 병역이나 사법권으로부터 자유롭기 위해 많은 투쟁의 과정을 거쳤다. 대학에서는 공식 언어로 라틴어를 사용했으며, 귀족이나 성직자들, 일반인들까지도 등록을 했다. 초기에는 주로 교회 건물을 빌려 사용했으며, 인쇄술이 발달하지 않았기 때문에 손으로 일일이 써서 책을 만들었다. 그럼에도 불구하고 유럽의 대학은 중세 말까지 약 89개나 세워졌으며, 교회나 수도원을 제치고 학문의 중심센터로 자리 잡기에 이르렀다. 이때 이름 있는 학자들은 대부분 대학에 소속되어 있었고, 대학을 졸업한 사람들은 교사와 법률가, 관리나 고위 성직자로 진출했다. 이 때문에 대학은 '중세 문화의 꽃'으로 불렸다. 또 대학은 자유로운 정신을 고취시킴으로써 게르만족의 침입 이래 침체일로를 걷던 중세의 문화를 부흥시키는 데 큰 역할을 담당했다.

철학적인 면에서 보자면, 이 시기야말로 중세문화와 스콜라 철학의 전성기에 해당한다. 그리고 대표적 철학자는 토마스 아퀴나스와 둔스 스코투스다.

어려서부터 신앙심이 깊은 데다 연구심이 강했던 토마스 아퀴나스는 '벙어리 황소'라고 불릴 만큼 말이 없고 우직했다. 책상에 둥근 홈을 파야 할 정도로 큰 몸집을 가졌던 그는 파리에서 알베르투스를 만나 그의 문하생이 되었으며, 스승으로부터 『신학대전』의 완성을 필생의 사명으로 명령받았다. 토마스는 온화하고 흠 없는 성품으로 인해 이미 살아생전에 '천사와 같은 학자'로 추앙받았고, 죽은 지 50년이 흐른 뒤에는 성인(聖人)의 반열에 올랐다. 저서로는 『유(有)와 본질에 관하여』 『신학대전』 『진리론』 등이 있다.

이 장에서 제기한 우리의 질문은 '철학과 신학, 지식과 신앙의 영역이 어떻게 조화를 이룰 것인가'였다. 그런데 이 둘은 토마스에 이르러서야 서로의 한계가 분명하게 정해지게 되었다. 토마스는 신으로부터 나오는 '은총의 빛'과 인간 본성에서 나오는 '이성의 빛'을 구분해 각자 서로 자기의 한계를 갖도록 했다. 가령 하나님의 존재와 그의 세계 창조 그리고 세계 내 모든 법칙과 사실 등은 이성의 빛으로 밝혀질 수 있는 철학의 대상이다. 한편 신의 삼위일체성, 육화(肉化), 신자현신(神子現身), 최후의 심판과 같은 초자연적 진리는 은총의 빛에 의해서만 알려질 수 있다.

이렇게 보면, 두 영역 사이에는 어떠한 모순도 있을 수 없다. 종교적 진리가 이성을 초월한다고 해서 그것을 이성에 어긋난다고 말할 수 없는 것과 마찬가지다. 이를 다른 말로 설명하면, 기적이 과학을 초월하는 일이긴 하지만 과학에 반하는 것은 아니라는 것과 같다. 이렇게 보면, 서로 대립적으로만 보였던 두 영역은 서로를 보완하는 것이 되고, 서로 화해의 관계에 놓이는 셈이 된다.

그러나 끝내 두 영역 가운데 어느 한쪽을 선택한다면, 마땅히 신학이 되어야 한다. 왜냐하면 철학이란 원래 초자연적 진리 그 자체를 증명할 수는 없고, 다만 그에 반대되는 논리를 무너뜨릴 수 있을 뿐이기 때문이다. 가령, 성령잉태라든가 죽은 자를 살린다거나 오병이어의 기적을 베푸는 일에 대해 철학이 할 수 있는 설명은 없다. 그것은 철학의 수준을 벗어나 있기 때문이다. 신학은 철학보다, 계시는 이성보다 그 범위가 훨씬 크고 넓다.

또 이 세상에 존재하는 철학의 목적은 신학을 올바로 이해하고, 그 이론적 뒷받침을 하기 위해서다. 이와 관련해 토마스는 『신학대전』에서 "학문에 있어서 신학에 모순되는 것이 있다면 그것은 거짓된 것이고, 그리하여 제거되지 않으면 안 된다"고 말하고 있다.

토마스가 일찍 세상을 떠나자, 그가 주도한 프란체스코회의 신학 이론에 대해 수많은 반대세력이 형성되었다. 또 그의 몇 가지 기독교 교리가 프랑스 파리의 주교로부터 공식적인 비난을 받기도 했다. 그러나 결국 토마스의 사상(토미즘)은 도미니크 수도회의 철학으로 인정받게 되었고, 1322년에 토마스는 성인의 반열에 오른다. 1879년에는 토미즘이 전체 가톨릭(기독교) 교회의 공인된 철학으로 격상되기에 이르렀으며, 1931년에는 교황청의 지시에 따라 모든 철학과 사변신학은 '그의 학설에 따라 강의되어야만 한다'는 규정이 들어가게 되었다.

성전(聖戰)인가 추악한 전쟁인가, 십자군 전쟁

서유럽은 11세기에 접어들면서 점차 안정을 찾아갔다. 이를 바탕으로 적극적인 대외팽창 정책을 감행했는데, 이것이 바로 십자군(十字軍) 전쟁이다. 십자군 전쟁의 결과, 도시를 중심으로 상공업이 발달해 봉건 사회의 기반인 장원제도(莊園制度)[23]가 몰락했다. 그런데 이 십자군 전쟁은 그 기치만큼 명분이 뚜렷한 거룩한 전쟁이었을까, 아니면 각 계급들이 자신의 이익을 관철하기 위해 감행한 더러운 전쟁이었을까?

전쟁의 원인

서유럽의 기독교인들 사이에서는 예수의 무덤이 있는 성지 예루살렘을 순례하는 풍습이 있었다. 그런데 이슬람 세력인 셀주크 투르크가 이를 방해하는 한편, 비잔틴 제국의 영토인 소아시아를 공격하자 비잔틴의 황제는 대립 관계에 있던 로마 교황에게 도움을 청하게 된다.

이에 로마 교황이 클레르몽 공의회(Clermont 公議會)에서 성지 회복을 위한 십자군 원정군을 파견하기로 제안하고, 1096년 거의 모든 계급의 사람들이 참가한 십자군이 결성되기에 이르렀다. 물론 이 전쟁에는 '성지탈환'이라는 외적 명분보다 각각의 계급들이 갖는 현실적인 이해관계가 큰 영향을 미쳤다. 먼저 교황은 동서 교회를 통일해 동로마 제국 황제를 자기 아래 두고자 했고, 왕과 제후들은 보다 넓은 땅을 확보하고자 했으며, 기사들은 전쟁에서 자신들의 위상을 높이려 했다. 또 상인들은 동방 무역의 거점을 확보하려 했고, 농민들은 새로운 일자리를 찾으면서 여러 가지 노역으로부터 해방되고 싶은 마음이 있었다.

전쟁의 진행과 결과

십자군 원정은 200여 년에 걸쳐 여러 차례 이루어졌다. 그러나 1차 원정에서 예루살렘을 점령해 라틴 국가를 세웠던 때를 제외하고는, 대개 약탈과 살생만을 자행하는 데 그쳤다. 결국 성지회복이라는 본질적 목적을 달성하지 못했으나 서유럽의 봉건사회가 몰락하는 데 결정적인 계기가 되었다. 로마 교황의 권위가 실추되고 제후와 기사계급이 몰락하는가 하면, 막대한 세금을 거둬들였던 왕의 권한이 강화되어 중앙집권국가가 세워졌기 때문이다. 동방무역이 활성화되어 화폐경제와 도시가 발달했으며, 동방의 문화가 서방에 유입됨으로써 훗날 르네상스의 기틀이 마련되었다.

십자군 원정으로 인해 무역의 범위도 차츰 넓어졌다. 특히 이탈리아의 북부 도시들은 아시아와 유럽의 특산물을 교환함으로써 지중해 무역을 장악했다. 또 발트해와 북해를 이용한 무역이 발달해 북부 독일과 프랑스의 많은 도시들이 번성했다. 특히 북부 독일 도시들은 한자(Hansa) 동맹24)을 맺어 200여 년 동안이나 북유럽 일대 무역을 주도했다.

도시의 시민들은 이에 머물지 않고 자신들을 옥죄고 있던 영주들에 대항해 점차 자유를 확보해 나갔으며, 공동조합인 길드를 결성하기에 이르렀다. 이에 발맞추어 수공업자들도 직종별로 장인 길드를 만들기 시작했다.

영주와 농노의 관계는 인신적(人身的) 지배 예속의 관계에서 토지를 매개로 한 계약 관계로 점점 변화되었다. 그런데 14세기 초 유럽에 심각한 굶주림이 닥쳤고, 중엽에는 그 유명한 흑사병(黑死病)이 만연해 유럽 전체 인구의 3분의 1이 희생을 당하고 말았다. 그러자 평소 증오의 대상이었던 유대인에게 이 책임을 전가해 그들을 학살하는 일이 발생하기도 했다.

인구가 줄었는데도 식량은 부족하고, 토지는 토지대로 남아돌았다. 이렇게 되자 농민들의 지위가 올라가고, 영주들은 노동력을 확보하기 위해 농민들의 처우를 개선할 수밖에 없었다. 한때 봉건 영주 가운데 농민들을 억압하는 반동적 행동이 나타나기도 했으나, 시대적 흐름을 거스를 수는 없었다. 15세기 말에는 이렇게 하여 장원제도가 붕괴되기에 이르렀다.

기독교 중심의 봉건 체제 아래 막강한 권위를 뽐내던 로마 교황 역시 더불어 힘을 잃어갔다. 반면 힘을 키워나가던 국왕은 교황을 이제 하나의 라이벌로 간주했고, 그 구체적인 예가 아비뇽 유수(Avignonese Captivity)로 나타났다. 프랑스의 왕 필리프 4세가 성직자에 대한 과세권을 둘러싸고 로마의 교황 보니파키우스 8세와 대결하다가 교황을 무력으로 굴복시킨 것이다. 그 결과 교황청이 프랑스로 옮겨져 교황이 프랑스 왕의 꼭두각시 노릇을 하기에 이르렀다.

교황권의 추락과 함께 교회에서는 독선이나 억압이 나타나기 시작했는데, 이러한 교회의 부패를 비판하며 기독교 본래의 정신으로 돌아가자는 개혁운동이 일어났다. 그 선구자는 영국의 위클리프와 보헤미아의 후스다. 특히 후스는 성직자의 토지 소유와 로마 교회의 타락을 비판했고, 사회적인 개혁을 주장해 동유럽 일대에 큰 영향을 미쳤다. 그는 결국 콘스탄츠 공의회에 소환되어 파문당한 후 화형에 처해졌다.

한편 교회 내부에서도 15세기에 개최된 공의회를 중심으로 교회 혁신과 부흥을 도모하는 개혁운동이 일어나기 시작했다. 이에 콘스탄츠 공의회에서는 로마 교황을 정통으로 인정하는 한편, 이단자 후스를 처형해 교회 통일에 노력했다. 그러나 그 후로도 종교개혁 주장은 끊이지 않았다.

중앙집권 국가의 출현

영국과 프랑스가 중앙집권적인 국가로 발전하게 된 결정적인 계기는 백년전쟁(百年戰爭)이었다. 이 전쟁은 프랑스에서 카페 왕조가 끊어지고 발루아 가의 필리프 6세가 왕위에 오르자, 영국의 왕 에드워드 3세가 왕위의 상속권을 주장하며 프랑스에 침입해 일어난 전쟁이다. 그러나 모직물 공업의 중심지와 포도주 생산지를 빼앗으려는 경제적 계산이 주원인이었다 말할 수 있다. 이어 영국에서 흑사병이 유행하고, 프랑스에서 16세의 소녀 잔 다르크가 등장함으로써 프랑스는 칼레를 제외한 전 국토에서 영국 세력을 쫓아낼 수 있었다.

이후 영국에서는 국내 정치의 주도권을 둘러싸고 귀족들 전체가 두 파로 나뉘어 30년 동안이나 싸우는 장미전쟁(薔薇戰爭)이 일어났다. 이 결과, 랭커스터 일파에 속하는 튜더가의 헨리가 승리해 왕위에 올랐다. 그러나 전쟁 과정에서 양국 영주와 기사 계급이 몰락해 봉건사회가 급속히 무너졌으며, 중앙집권화가 촉진되어 왕권은 더욱 강화되었다.

제3부
근세철학

옛 것인가 새로운 것인가, 근세정신의 태동

중세에서 근세로 넘어가는 과도기에는 어떤 일이 일어났을까? 이 시기에 시작된 개인 중시 경향은 개인의 해방 및 인본주의 사조의 등장을 알리는 예고편이 되었다. 또 자연을 직접 경험하고 관찰해야 한다는 시대적 요구는 근대 자연과학의 발달을 알리는 서곡이 되었다. 마지막으로 철학과 신학, 지식과 신앙을 갈라놓은 유명론이 근세의 경험론 등 학문의 모든 분야에 새로운 활력을 불어넣었다.

신항로의 개척

어떤 사상이나 철학이 새로 등장할 때는 그에 앞서 반드시 여러 사건들이 있게 마련이다. 중세에서 근세로 넘어가는 시기에도 유럽에서 일어난 세계사적 사건들이 있었는데, 특히 세 가지 위대한 발명이 있었다.

첫째는 원거리 항해를 가능하게 함으로써 발견시대의 서막을 장식한 나침반, 둘째는 기사계급의 막강한 위치를 흔들어 놓음으로써 전체적인 사회 변화를 몰고 온 화약, 끝으로 값싼 종이가 보급되는 시기에 때를 맞추어 새로운 사상들을 멀리 퍼져 나가게 한 인쇄술이다. 이와 동시에 지리상의 발견도 중대한 결과를 낳았는데, 콜럼버스는 신대륙을 발견했고, 바스코 다가마는 인도 항로를 개척했으며, 마젤란은 세계일주라는 금자탑을 세웠다.

대양으로의 본격적인 진출은 15세기 초반 유럽인들에 의해 시작되었는데, 이는 당시 유럽의 여러 나라들에서 정치 경제적인 상황에 새로운 지식이 보태짐으로써 가능했다. 하지만 유럽의 힘이 세계적으로 뻗어나가는 한편, 다른 지역의 나라들은 유럽의 식민지로 전락하는 결과를 가져왔다.

유럽인들이 목숨을 걸고 신항로 개척에 열을 올린 까닭은 무엇이었을까? 첫째, 동방무역에 참여함으로써 막대한 부를 축적하고자 했기 때문이다. 당시 유럽에서는 비단, 향료 등이 비싼 값에도 불구하고 대량 소비되었는데, 주로 이탈리아의 도시들과 아라비아의 상인들이 이를 독점했다. 여기에 15세기 무렵 소아시아에 강력한 국가를 건설한 오스만 투르크가 흑해 주변으로 진출함으로써 동방과의 무역 자체를 불안하게 만들었고, 바로 이것이 유럽인들 스스로 동방무역 항로를 개척하도록 유인하는 역할을 했다.

둘째, 미지의 세계에 기독교를 전파하려는 종교적 열망이다. 셋째, 유럽 각 나라의 군주들이 탐험가들에게 적극적인 지원을 아끼지 않았다는 사실이다. 중앙집권 국가가 절대왕정으로 발전하는 과정에서 군주들은 여기에 필요한 막대한 경비를 해외무역과 새로운 시장 확보를 통해 해결하고자 했다. 넷째, 당시 유럽에서는 조선(造船) 기술이 발달하고, 나침반이 발명됐으며, 정확한 바다 지도를 제작했다. 또 천문학이 획기적으로 발달해 지구가 둥글다는 사실이 밝혀졌다. 이러한 과학의 발전이 신항로 개척에 크게 도움을 주었을 것이라는 뜻이다.

신항로의 개척은 먼저 국토가 작고 자원이 빈약한 포르투갈에서 시작되었다. 엔리케는 아프리카 서해안을 따라가다가 베르데 곶을 발견했고, 바르톨로뮤 디아스는 아프리카 남단에 도착해 '희망봉'이라는 이름을 붙였으며, 바스코 다가마는 이 희망봉을 돌아 인도 서해안의 캘리컷에 도착함으로써 인도 항로를 활짝 열었다.

이에 대해 이탈리아 출신의 콜럼부스는 아프리카 남단을 돌아가는 것보다 대서양을 가로질러 가는 것이 인도에 더 빨리 도착할 것이라 믿었다. 그래서 1492년, 스페인 이사벨라 여왕의 후원을 얻어 지금의 서인도 제도에 도착했다. 이후 그는 동인도 제도를 거쳐 중남미 대륙에 도착했으나, 죽을 때까지 그곳을 인도라고 믿었다. 이후 16세기 초에 그곳이 인도가 아니라는 사실을 밝힌 아메리고 베스푸치(Amerigo Vespucci)의 이름을 따 대륙 이름을 '아메리카'라고 붙였다.

1520년에는 포르투갈 사람 마젤란이 스페인의 지원을 받아 아메리카의 남쪽 끝을 지나 태평양 건너편의 필리핀에 도착했다. 마젤란 자신은 비록 원주민과의 전투에서 목숨을 잃었으나, 그 일행이 인도양을 거쳐 희망봉을 도는 3년이라는 긴 항해 끝에 다시 스페인으로 돌아왔다. 이것이 최초의 세계일주인데, 이로써 지구가 둥글다는 사실이 입증되었다.

신항로 개척은 대서양 연안의 포르투갈과 스페인이 상업의 주도권을 쥐는 결과를 가져왔고, 뒤를 이어 영국과 프랑스, 네덜란드의 여러 나라들도 함께 번영을 누리게 되었다. 이렇게 해서 무역의 중심지는 지중해에서 대서양으로 이동했다. 무역의 결과, 아시아로부터는 향료와 도자기, 차와 견직물 등이 들어오고, 아메리카로부터는 담배, 감자, 옥수수, 코코아 등이 유입됨으로써 유럽인들의 생활에 큰 변화가 일어났다.

특히 아메리카에서 들어오는 엄청난 양의 귀금속은 화폐의 양을 늘어나게 해 물가가 크게 올랐고, 이는 고정된 화폐로 땅값을 받는 봉건 영주에게 불리하게 작용해 그들과 더불어 기사 계급까지 몰락하는 계기가 되었다. 또 아시아와 아메리카라고 하는 넓은 시장을 갖게 된 유럽의 여러 나라에서는 상공업과 금융업이 자극을 받아 자본주의 경제가 급속히 발전해 일종의 상업혁명이 일어났다. 마지막으로 신항로 개척은 세계의 문명들이 서로 접촉하는 계기를 제공해 진정한 세계 역사가 성립되었다는 의미를 갖는다.

다만 신항로의 개척으로 비유럽인들이 가졌던 자신만의 고유한 문명이 파괴되고, 수많은 원주민들이 무차별적으로 살상됐으며, 이후 비유럽 지역이 식민지화의 길을 걷게 되었다는 어두운 면을 간과해서는 안 될 것이다.

새로운 지식의 등장

이밖에 자연에 관한 새로운 지식들이 나타났는데, 대표적인 예가 코페르니쿠스의 지동설(地動說)이다. 당시까지의 천동설(天動說)에 의하면, 대우주의 중심은 지구이며 모든 별은 지구를 중심으로 돌고 있었다. 이러한 입장에 대해 "지구는 태양의 주위를 돌고 있는 많은 별들 가운데 하나에 불과하다"는 코페르니쿠스의 학설은 커다란 충격이 아닐 수 없었다. 특히 '지구를 중심으로' 쓰인 성경의 권위에 막대한 타격을 가하는 것이었다.

그러나 기독교에서 처음부터 코페르니쿠스의 사상에 대해 적대적 입장을 취한 것은 아니다. 기독교가 지동설 때문에 위협을 느낀 건 그의 사상을 계승해 완성시킨 두 사람의 시대에 이르러서였다.

그 두 사람 가운데 첫 번째 인물인 케플러(Kepler)는 천체의 운동법칙을 창안해냈다. 그는 대우주 속에 하나의 통일된 법칙성이 있음을 믿었고, 자연계 안에서 일어나는 모든 차이는 결국 양적인 문제에 불과하다고 주장했다. 이 학설이 인정받을 경우 '하나님이 세계를 창조하고 영원히 이끌어간다'는 기독교의 교리는 큰 타격을 받게 된다.

두 번째 인물인 갈릴레이가 코페르니쿠스의 이론(지동설)을 옹호하자, 당시 종교재판소는 고문과 협박으로 그 이론을 포기하도록 종용했다.

코페르니쿠스와 케플러 그리고 갈릴레이의 저서는 오랫동안 금지도서 목록에 올라 있었다. 하지만 이들의 과학적 사고는 철학자들에게도 큰 자극제가 되었다. 심지어 '훌륭한 자연과학자야말로 근대의 진정한 철학자'라는 말이 나올 정도였다.

휴머니즘과 르네상스

휴머니즘이란 '사람을 위주로 하는 사상'을 가리킨다. 그런데 서양 역사상 이러한 경향이 가장 강했던 때는 바로 고대 그리스 및 로마 시대였다. 옛 문화에 대한 관심은 페트라르카나 보카치오와 같은 인본주의 사상가들에 의해 촉발되었다. 이 두 사람은 지난 시절의 고전적인 문학작품을 다시 모으고 발굴하는 데 열중했으며, 이를 통해 중세의 신학적 영향을 벗어나 아주 인간적인 것을 추구하고자 했다.

물론 인본주의는 문학에만 한정되지 않고, 정신문화의 모든 영역으로 확산되어 갔다. 그 가운데 가장 유명한 인본주의 사상가로 에라스무스를 들 수 있는데, 그는 고대철학의 진정한 의미를 되살리고자 했다. 또 동방의 희랍신학자들이 고전을 연구하기 위해 이탈리아로 모여들었고, 이러한 분위기 하에서 플로렌스라는 도시에 플라톤 아카데메이아가 세워졌다. 이곳에서 플라톤이나 플로티노스의 저서들이 라틴어로 번역되어 읽힘으로써 사람들에게 그리스 문화에 대한 향수를 불러일으킨 것이다.

이와는 반대로, 아리스토텔레스 철학은 비판을 받기 시작했다. 오랫동안 기독교 신앙의 버팀목 역할을 했던 그의 철학이 마침내 종언을 고하게 된 것은 스콜라학파의 몰락을 뜻하는 것이기도 했다.

이러한 배경에서 볼 때, 인본주의는 근세 초기 사상가들이 세계와 인간을 다시 발견한 것이나 마찬가지이며, 나아가 인간의 자기긍정이라고 말할 수 있다. 보편적 인간성에 대한 존경과 스스로의 자아에 대한 사랑은 인류의 자유와 평등 및 인간의 존엄성 개념과 더불어 현대철학의 특징인 자아사상으로 나타났다. 결국 휴머니즘은 중세를 지나오는 동안 짓눌렸던 '인간성'이 새롭게 조명되고, 신 대신 인간이 활개를 치기 시작했음을 알리는 전주곡이었던 셈이다.

르네상스(Renaissance)라는 용어는 '다시 새롭게 일으킨다'는 의미다. 그리스 로마 시대에 있었던 고전적 인간형을 다시 불러 일으킴으로써 장차 인류의 부흥을 도모한다는 뜻이 되리라. 앞서 말한 인본주의가 학자들만의 관심사였던 데 반해, 이를 바탕으로 발달한 르네상스는 학문, 의학, 기술, 법률, 상업제도, 조형예술 등 모든 생활 영역으로 퍼져나갔으며, 적어도 이탈리아에서는 대중 속에까지 파고들었다.

먼저 문학 방면에서는 위에서 말한 페트라르카와 보카치오 외에 『신곡』을 쓴 단테와 4대 비극(『햄릿』『오델로』『맥베스』『리어왕』)으로 유명한 영국의 셰익스피어, 그리고 『돈키호테』를 쓴 에스파냐의 세르반테스가 있다.

이 시기에 가장 독특한 발전을 이룩한 부분은 미술이었다. 물론 아직 기독교적인 주제를 완전히 벗어나지는 못했지만, 인간과 자연에 주목하고 개성적인 표현 방법들이 등장했다. 가령 레오나르도 다빈치의 「모나리자」「최후의 만찬」이라든가 보티첼리의 「비너스의 탄생」, 미켈란젤로의 「천지창조」「다윗 상」 등이 대표적인 작품들이다. 건축에서는 중세 고딕 양식에 그리스와 로마의 양식을 접목시킨 르네상스 양식이 나타났는데, 대표적인 것이 로마의 성 베드로 성당이다.

그렇다면 르네상스가 이탈리아에서 가장 먼저 일어난 까닭은 무엇일까? 이탈리아는 로마 제국의 옛 터전으로 로마 유적이 많이 남아 있었고, 로마 사람들의 세속적이고 개인주의적인 생활방식에 대한 이해도 깊은 곳이었다. 또 지중해를 통한 동방 무역의 중심지로, 경제적 번영은 물론 시민 계급의 성장과 함께 자유로운 인간 정신이 존중되는 분위기가 형성되어 있었다. 아울러 이 지역은 비잔틴이나 이슬람 문화와의 접촉을 통해 국제적인 문화에 대한 안목을 가진 사람들이 많았던 데다, 자신의 권위를 높이기 위해 정치적 지배자들이 학문과 예술에 전폭적인 후원을 아끼지 않던 곳이기도 했다.

그러나 이탈리아의 르네상스는 군주나 일부 부유한 상인들에 의해 발달했기 때문에 귀족적인 성격이 점차 강화되어 시민적인 기풍이 사라져 갔다. 또 도시국가들이 분열해 외세가 침입하고, 신항로의 개척으로 무역의 중심지가 대서양으로 이동하면서 몰락을 촉진하기에 이르렀다.

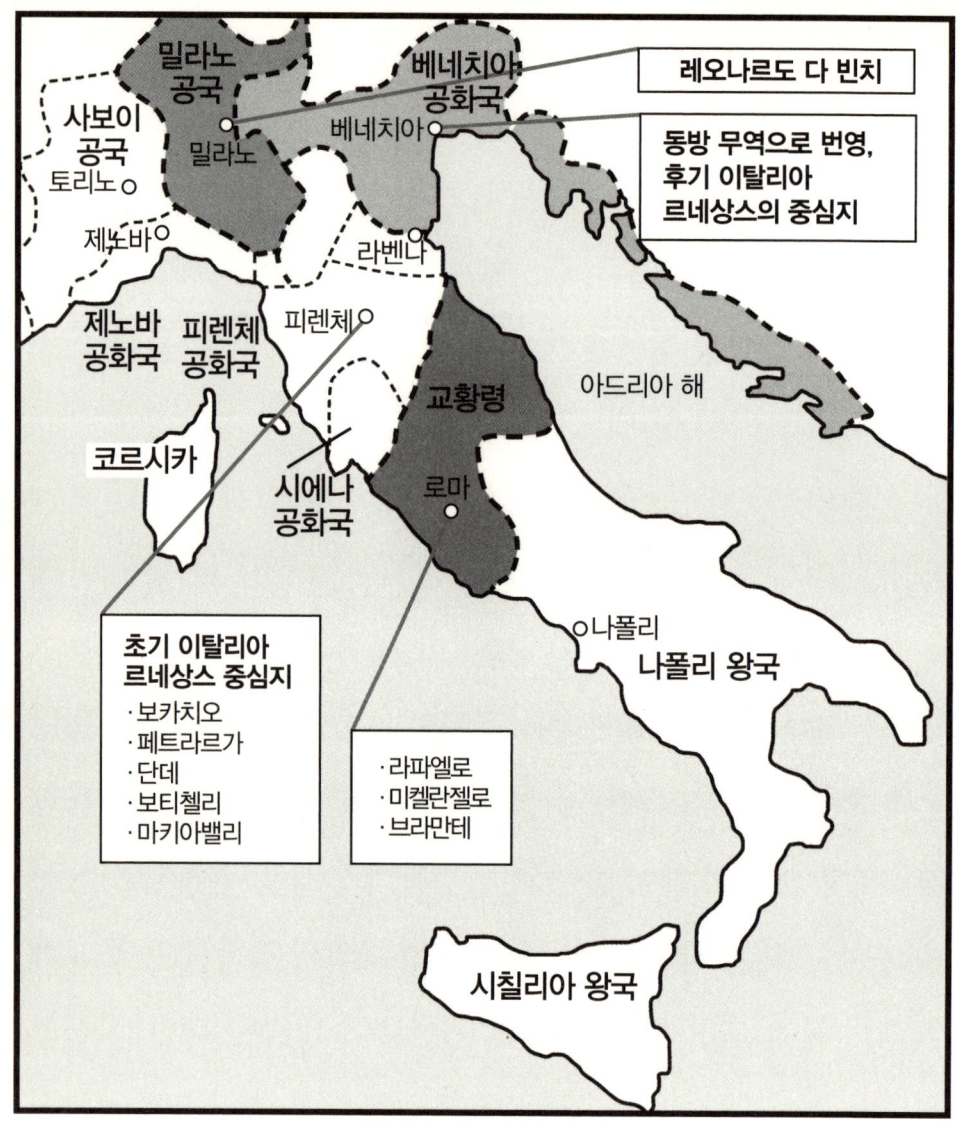

밀라노
공국

사보이
공국
토리노

제노바

밀라노

베네치아
공화국

베네치아

라벤나

레오나르도 다 빈치

**동방 무역으로 번영,
후기 이탈리아
르네상스의 중심지**

제노바
공화국

피렌체
공화국

피렌체

교황령

아드리아 해

코르시카

시에나
공화국

로마

나폴리

나폴리 왕국

**초기 이탈리아
르네상스 중심지**
· 보카치오
· 페트라르가
· 단테
· 보티첼리
· 마키아밸리

· 라파엘로
· 미켈란젤로
· 브라만테

시칠리아 왕국

르네상스 시기의 이탈리아

　　그렇다면 알프스 산맥 북쪽, 가령 독일이나 프랑스, 영국에서
는 어떤 형태로 르네상스가 전개되었을까? 그리스 로마 문화의
영향으로 화려한 예술이 발달한 이탈리아와는 달리, 이곳은 현
실 사회의 모순과 그에 따른 사회 개혁적 성격이 강했다. 네덜
란드에서는 16세기 최고의 인문주의자로 불리는 에라스무스가

신약성경을 그리스어로 번역했고,『우신예찬』에서는 교회의 부패와 성직자의 타락을 비판했다. 독일의 로이힐린은 성경의 원전을 연구해 당시 가톨릭교회의 성경 해석에 도전장을 던졌는데, 이러한 정신은 종교개혁의 선구자 루터에게 이어졌다. 프랑스의 몽테뉴는『수상록』에서 기독교 교리의 다양성과 진리의 상대성 문제를 제기했다.

영국의 토마스 모어는『유토피아』에서 당시 영국 사회의 사회적 불평등을 고발하는 한편, 초기의 기독교적 공산사회로 돌아갈 것을 주장했다. 문학에서는 초서(G. Chaucer)가『캔터베리 이야기』를 통해 세속적인 국민 문학의 길을 열었고, 셰익스피어는『햄릿』등에서 인간의 다양한 감정들을 묘사했다. 스페인의 세르반테스는『돈키호테』에서 몰락하는 봉건제도와 기사의 위선을 풍자했다. 이처럼 르네상스는 지역에 따라 다양한 형태로 나타났다. 그러나 인문주의에 입각해 개인주의, 현실주의, 합리주의 방향으로 나아간 것은 공통적이라 할 수 있다.

종교개혁 – 면죄부 판매의 부당성을 알리다

옛 말을 인용하자면 '고인 물은 썩기 마련'이고, '절대 권력은 절대 부패'할 수밖에 없다. 다시 말해, 기독교가 중세사회의 중심에 놓여 막강한 권력을 휘두르게 되었으니, 여기에서 교회가 썩고 성직자들이 부패하기 시작했다는 말이다. 이미 교회의 폐단을 인식하고 있었던 일반 대중들은 형식적인 겉치레로 운영되는 교회나 이론에 치우친 신학에 만족할 수 없었다. 또 무소불위의 권력을 휘두르는 교황청에 대해서도 불만의 눈초리를 보내기 시작했다. 즉, 정말 교회의 개혁이 필요하다는 데 대해 모두가 공감하고 있었던 셈이다.

그러나 속으로만 부글부글 끓고 있을 뿐, 누구 하나 앞장서는 사람이 없었다. '누가 고양이 목에 방울을 다느냐?'가 문제였다. 당시 교회의 권력에 맞선다는 것은 바로 죽음을 의미하기 때문이었다. 이때 분연히 일어난 사람이 있었으니, 그가 바로 독일의 사제 마르틴 루터였다.

여기에서 우리는 왜 독일에서 이러한 운동이 먼저 일어났는가에 주목할 필요가 있다. 독일을 제외한 국가들은 중앙집권 형태를 구축하고 있었기 때문에 성직자 임명권을 둘러싸고 로마 교황과 대립각을 세우고 있었다. 반면 정치적으로 분열된 독일은 저항력이 매우 약해 교황청의 착취가 독일에 집중되었다. 심지어 '독일은 로마 교황의 암소'라는 말이 나올 정도였다.

루터는 이러한 국민적 감정을 행동으로 표출했다. 그는 하나님과 인간의 관계 사이에서 중재자로서의 역할을 독점하려는 교회에 반대하고, 신자들 누구나 하나님과 직접 대화할 수 있음을 공표했다. 이로써 신자 각 개인의 자립성을 분명히 한 셈인데, 이는 종교 분야에서 일어난 또 하나의 인간 해방이었다.

종교개혁의 시발점은 교회의 면죄부(免罪符) 판매였다. 이 무렵, 교황청과 가톨릭교회는 부패한 생활 때문에 재정 적자에 허덕이고 있었다. 그럼에도 불구하고 교황 레오 10세는 성 베드로 대성당을 건축하기 위해 면죄부를 팔았다. 이때 사제들은 "면죄부를 사면 성모 마리아를 범한 죄라도 용서받을 수 있다"고 말할 정도였다.

이러한 상황에서 루터는 1517년 10월 31일, 비텐베르크 성(城)교회 정문에 라틴어로 된 〈95개조 의견서〉를 내걸었다. 일종의 항의문인 이 의견서는 사실 처음에는 대자보 수준이었다고 한다. 이것이 입에서 입으로 전해져 일종의 센세이션을 일으켰고, 나중에는 마치 요원의 불길처럼 독일 국경을 넘어 유럽 전체로 확산된 것이다.

물론 루터는 로마 교황으로부터 파문을 당했다. 그러나 중앙집권화에 반대하는 제후들의 보호로 살아남았고, 이후 국가기관이 나서 교회를 관리할 수 있도록 교회 조직을 개선했다. 나아가 루터는 라틴어인 성경을 모국어인 독일어로 번역하는 과업을 완수하기도 했다. 이때 뮌쩌(T. Munzer)가 주도한 농민전쟁이 일어나 노예제와 십일조를 폐지할 것, 교회와 국가를 분리할 것 등을 요구하며 사제와 영주의 성을 습격했다. 그러나 농민봉기는 황제와 제후의 군대에 의해 처참하게 진압됐으며, 이후 독일의 여러 제후들은 가톨릭과 루터파로 나뉘어 싸우게 되었다. 이때 루터파의 제후들은 슈말칼덴 동맹을 맺어 가톨릭 세력에 대항했다. '항의하는 자'라는 뜻의 '프로테스탄트(protestant)'라는 말은 이 과정에서 생겨난 것이다.

결국 양쪽의 싸움은 1555년 아우구스부르크 종교회의에서 통치자에 의한 종교선택권이 인정되는 것으로 정리되었다. 이는 중세 이래 기독교의 통일성이 깨어졌다는 의미를 지닌다.

그렇다면 이러한 과정을 통해 루터가 주장한 바는 무엇인가? 우리 인간은 오직 믿음을 통해 구원받을 수 있다는 것이다. 즉, 성경에 쓰여 있는 하나님의 말씀을 믿음으로써만 구원의 가능성을 찾을 수 있다는 것이다. 기독교의 진리는 사제들의 권위에 있는 것이 아니라, 예수에게 계시된 하나님의 말씀 안에 있다. 우리는 이 말씀을 통해 구원을 얻는다. 그래서 모든 사람은 신 앞에 평등하고, 따라서 우리를 얽어매는 모든 율법으로부터 자유로워지지 않으면 안 된다. 이것이 루터의 주장이었다.

루터의 종교개혁에 의해 철학에서도 대변화가 일어났다. 모든 신학적 제약으로부터 벗어나 자유로운 정신에 입각해 학문을 연구할 수 있게 된 것이다. 나아가 프로테스탄티즘은 정신생활의 전체에 걸친 교회의 독재를 쳐부수는 데 결정적인 공헌을 했다. 교육기관을 교회로부터 독립시켜 세상으로 나오게 했으며, 정신적으로는 양심의 자유를 확립할 수 있었다.

루터의 영향력은 특히 스위스에서 가장 컸다. 오랜 세월 독립 전쟁을 치르는 과정에서 스위스에는 일찍부터 자유정신이 발달해 있었고, 중세 상공업의 요지로 도시가 번영했으며, 역설적으로 부패한 사제들이 많았기 때문이다. 제일 먼저 등장한 인물은 츠빙글리다. 그는 '오직 성경만이 유일한 신앙의 기준'이라고 주장하면서 개혁에 착수했다. 그러나 반대파와의 전투에서 전사하고 말았다.

그의 뒤를 이어 등장한 사람은 프랑스의 칼뱅(J. Calvin)이었다. 칼뱅은 십자가 앞에서 "주여, 주여!" 부르며 눈물만 흘리는 것이 기독교의 전부가 아니라고 주장했다. 그는 수도원 안에 갇혀 금욕생활만 할 것이 아니라 현실 세계와 자유롭게 접촉할 것을 권장했다. 예컨대 우리 인생이 매우 즐겁다는 사실, 인간관계도 얼마든지 소중하다는 점을 강조한다. 또 우리가 일상을 살아가면서 정치적 문제에도 관심을 갖고, 경제적 현실도 돌아보면서 신앙생활 할 것을 강조했으며, 이 세계의 자연적 보물을 마음껏 누리는 것도 기독교인의 권리임을 주장했다.

또 칼뱅은 장로제도(長老制度)를 도입해 신자들이 자유롭게 교회를 운영하도록 했고, 인간 영혼의 구원은 하나님에 의해 이미 결정되어 있다는 예정설을 주장했다. 그러므로 이 세상에서 인간은 구원에 대한 확신을 잃지 않고, 양심에 따라 자신의 직업에 최선을 다해야 한다고 촉구했다.

이러한 칼뱅의 주장은 신자들의 부 축적에 정당성을 부여하는 것이었기 때문에 당시 상공업에 종사하던 시민 계급으로부터 열렬한 환영을 받았다. 동시에 이는 근대 자본주의를 발전시키는 데 큰 역할을 담당했다. 따라서 일찍부터 상공업이 발달한 네덜란드에서 가장 먼저 칼뱅파의 주장이 받아들여진 것은 너무나 당연하다. 이밖에 영국, 프랑스 등에서도 칼뱅주의가 널리 신봉되었는데, 가령 영국의 청교도, 스코틀랜드의 장로교, 프랑스의 위그노 등은 모두 칼뱅파를 가리키는 이름이다.

이에 따라 여러 곳에서 구교도와 신교도 사이에 전쟁이 끊이지 않았고, 프랑스의 위그노 전쟁, 네덜란드의 독립 전쟁, 독일의 30년 전쟁과 같은 종교전쟁이 일어났다. 겉으로는 종교적인 갈등이 주원인인 것처럼 보였으나, 실제로는 정치·경제적 이권을 둘러싼 대립의 성격이 강했다고 말할 수 있다.

종교개혁은 당시 교회에 만연한 부정부패에 항거하기 위해 시작됐으나, 봉건적 구속으로부터 벗어나려는 왕과 민중이 참여하는 현실개혁운동으로 발전했다. 그리고 그 성과는 다음과 같이 정리할 수 있다. 첫째, 정치적으로는 프로테스탄트의 성장을 촉진해 이후 시민혁명의 원동력이 되었고, 둘째, 경제적으로는 시민계급을 성장시켜 근대 자본주의가 발전하는 한 요인이 되었으며, 셋째, 종교적으로는 중세의 통일적인 기독교가 나뉘어져 상대방에 대한 종교적 관용이 싹트게 되었다.

답습인가 변화인가, 새로운 철학

이제 근세 초기에 등장한 새로운 철학과 함께 그 당시에 일어난 여러 사회·정치적 변혁에 대해서도 살펴보자. 왜 우리가 철학 이외 그 주변의 형편까지 알아야 하는가?

이를 통해 당대의 위대한 철학 사상을 보다 폭넓게 이해할 수 있기 때문이다. 예를 들어, 베이컨은 셰익스피어의 연극이 공연되던 당시 왕궁에서 근무한 적이 있고, 자신의 철학을 고집하다 화형에 처해진 브루노의 일생 역시 그 시대의 혁명의 도가니 속에서 가능한 일이었다. 또 이 시대의 정신을 '수필문학'이라는 새로운 형식으로 표현한 몽테뉴의 주된 관심은 어디까지나 인간이었다. 다시 말해 '인간이란 무엇인가?'라는 물음이 그의 머릿속을 맴돌고 다녔으니, 이 역시 당시의 화가들이 그리기 시작한 자화상(自畵像)에서 받은 느낌을 글로 표현했다고 볼 수 있는 것이다.

중세는 봉건 영주와 농노를 중심으로 한 농업경제에 의존하던 시대였다. 그런데 근세에 들어와서는 초기 자본주의와 교통경제가 그 자리를 대신하게 되었다. 이때 새로 경제 질서를 담당하게 된 계급은 바로 자아의식이 충만한 부르주아지(bourgeois)였다. 또 일반 대중의 정신에 결정적인 영향력을 끼치는 계층 역시 성직자에서 평민으로 옮겨갔다.

그런데 거대한 상업경제권을 장악하는 데는 국가의 중앙집권이 필요했고, 바로 이 점이 왕족들에게는 유리한 요소로 작용했다. 이때부터 왕권에 바탕을 둔 절대군주제가 실시되었고, 이것이 종교개혁과 르네상스 이후 오랜 세월을 주름잡는 국가 형태가 되었다.

이밖에 유럽 여러 나라에서 일어나기 시작한 민족의식은 기독교적 세계 제국이라는 이념마저 사라지게 했고, 마침내 이와 같은 변화는 과거와는 전혀 다른 법 이론과 국가 이론을 필요로 하게 되었다. 여기서는 근세 정신을 두드러지게 나타낸 사상가를 몇 명 소개하고자 한다.

수단 방법 가리지 말고 이겨라 – 마키아벨리

이탈리아 피렌체 출신의 마키아벨리는 '오직 국가의 자기 보존과 권력 장악만이 모든 정치 행위의 유일한 목적이어야 한다'고 역설했다. '마키아벨리즘(Machiavellism)'이라고 불리는 그의 사상은 '목적 달성에 도움이 된다면 어떠한 수단도 정당화할 수 있다'는 전제에서 출발한다. 그에 의하면, 우리의 마지막 승리를 보장해주는 것은 오직 기만과 간계, 배신, 거짓맹세, 폭력 등 비리로 가득한 최후수단일 뿐이다.

마키아벨리즘은 인간에 대한 매우 부정적인 통찰로부터 시작되었다. 모든 인간은 악한 데다 미련하기까지 하다. 인간은 지배자로부터 이익을 얻을 수 있는 한 충성을 다하지만, 위험이 닥칠 때는 재빨리 반기를 든다. 또 필요한 경우에만 할 수 없이 선을 행하며, 기회가 주어지면 언제든지 보복하려고 한다.

이처럼 악하고 이기적인 인간을 지배하기 위해서는 무엇보다 힘이 필요하다. 마치 종을 제대로 부리기 위해 손찌검과 매질이 필요한 것처럼 억세게 대드는 자에게만 행운이 찾아온다. 그러므로 근신보다는 무분별이 낫고, 조심스러운 사려보다는 저돌적인 결행이 더 낫다는 것이다.

이러한 마키아벨리의 가치관은 국제사회에도 그대로 적용된다. 마지막 승리는 도덕이나 정당성이 아니라 군사력과 정략적

수단에 의해 결정된다. 특히 국가권력이 미치지 않는 외국에 대해 법률이 아무런 효력을 발휘하지 못하기 때문에 더욱 그러하다. 세계 역사를 보면, 국가 사이에 힘의 균형이 무너졌을 때 늘 약소국에 대한 강대국의 침략이 있었고, 그것이 오늘날에도 모양만 바뀌었을 뿐 그대로 계속되고 있다.

마키아벨리의 날카로운 통찰은 군주에 대한 충고에서도 드러난다. 군주는 모름지기 국민의 믿음을 얻어야 하는데, 그것은 정권의 안정을 위해서다. 신뢰받지 못한 정권은 위태롭다는 것이 엄연한 현실이기 때문에 어떤 방법을 써서라도 구성원들의 믿음을 얻어내야 한다. 물론 그 수단은 기만이나 술수라 해도 무방하며, 다만 그것이 기만이라는 사실 자체를 숨길 수 있으면 된다. 그래서 군주는 아부하는 사람을 멀리하고 누군가 간언(諫言)을 하더라도 결코 싫어하지 않는다는 것을 거짓으로라도 국민에게 보여주어야 한다.

마키아벨리가 살던 당시는 대내적으로 이탈리아가 쪼개지고, 대외적으로는 유럽의 강대국들이 이탈리아를 나누어 가지려고 다투던 시기였다. 이때 그는 마치 자연과학자가 자연현상을 관찰하듯, 모든 도덕적 선입견을 배제하고 유럽제국의 정치형태를 있는 그대로 관찰했다. 그럼으로써 통치자의 처세술에 대한 원칙을 도출해낸 것이다.

물론 그가 메디치 가문의 신임을 얻기 위해 『군주론』을 썼다는 설도 있다. 동기야 어쨌든 현실에 대한 냉철한 분석과 가차 없이 표현한 용기에 대해서만큼은 높이 평가하지 않을 수 없다. 그리고 이것은 중세에 볼 수 없었던 새로운 경향이었다.

만인의 만인에 대한 투쟁 – 홉스

영국의 홉스(T. Hobbes)는 찢어지게 가난한 무명의 목사를 아버지로 두었다. 그러나 가난과 역경 속에서도 그는 여섯 살에 그리스어와 라틴어를 익혔고, 열다섯 살에는 영국의 명문인 옥스퍼드 대학교에 입학했다. 갈릴레이의 기계론적·수학적 자연 해석 방법을 자세히 알고 있던 홉스는 이 방법을 역사와 사회 이론에 처음 응용했다. 윤리학과 정치이론에서도 신학적 관점을 배제하고, 오직 경험에만 의존한 것이다.

홉스에 의하면, 인간이란 본래 이기적인 동물이다. 물론 모든 생명체가 자기의 생명을 무엇보다도 소중히 여긴다는 측면에서 이기적이라고 할 수 있다. 그러나 인간은 단지 생계를 유지하기 위한 최소한의 방편으로 그치는 것이 아니라 '가능한 한 많은' 물질을 소유하고자 골몰하는 이기주의자다. 따라서 모든 인간이 이러한 본능에 따라 행동하는 자연 상태에서는 모든 사람이 모든 사람에 대해 전쟁 상태에 빠질 수밖에 없는, 즉 '만인의 만인에 대한 투쟁'이 지배할 뿐이다.

그리고 이와 같이 야만적 상태에서는 인간들 사이의 안전이 보장되지 않는다. 서로의 안전을 도모하기 위해서는 법적인 보호 장치가 필요하다. 바로 여기에서 모든 구성원의 합의에 의해 법이 만들어지는 것이다. 나아가 그 법을 원만하게 운용하기 위해서는 어떤 개인의 힘을 훨씬 뛰어넘는 강력한 힘이 필요하다. 한 개인이 힘으로 질서를 무너뜨리지 못하게 하기 위해, 말하자면 서로의 합의에 의해 모두가 복종할 수 있는 강력한 힘(권력)이 생겨나야 하는데, 그것이 국가권력이다.

그러나 홉스는 국가권력을 지나치게 강조했다. 무엇이 정당한지를 결정하는 것도 국가이며, 무엇이 부당한지를 판정하는 것도 국가다. 국가가 허용하는 것이 정의요, 금지하는 것은 불의이며, 국가의 허락을 받는 것은 종교이고, 그렇지 못한 것은 미신이다.

이처럼 홉스에게 있어 국가권력은 엄청나게 확대되고 말았다. 이를 증명이라도 하듯, 성경에 전해오는 괴물 '리바이어던(Leviathan)'이라는 이름을 자기 책의 제목으로까지 사용했다. 그에게 있어 국가란 하나의 '생멸(生滅)하는 신'이었던 셈이다.

그러나 홉스는 의회파나 왕당파 어느 쪽으로부터도 환영을 받지 못했다. 결국 당대의 보기 드문 천재 홉스는 고독과 피해의식에 휩싸여 고통을 당하다 91세 되던 해에 답답하고도 기나긴 일생을 마감하고 말았다.

그렇다면 홉스의 사상은 이 시대와 어떤 관련을 갖는가? 그의 주장이 비록 질서를 유지하기 위해 왕권의 절대성을 인정하고 있긴 하지만, 계급사회를 당연시하는 왕권신수설(王權神授說)과는 구별된다는 점이다. 즉, 그의 사상은 '자연 상태에서의 만인 평등'을 기초로 하고 있다는 점에서 혁명적이라고 평가할 수 있다.

우상론과 귀납법 – 프란시스 베이컨

르네상스 시대에 정신적 업적을 남긴 과도기의 철학자들 가운데 베이컨이 있다. 영국의 프란시스 베이컨은 궁정대신의 아들로 태어났으며, 어려서부터 매우 조숙하고 지식욕이 왕성했다. 그러나 막내였던 그는 아버지가 갑자기 세상을 떠난 후, 유산을 한 푼도 물려받지 못했다. 그렇지만 베이컨은 스스로 노력해 변호사 자격을 얻었고, 젊은 나이에 하원의원에도 당선되었다. 끊임없는 명예욕과 거침없는 활동가였던 그는 젊은 시절의 가난한 상태를 벗어난 이후, 국가 최고 직위에까지 승진했다.

그러나 대법관이 된 지 3년 만에 재판 결과에 불만을 품은 어떤 소송인에 의해 뇌물수수죄로 고소당하고 말았다. 결국 유죄 판결을 받아 정치 생명이 무참히 끊겨버렸지만, 틈틈이 연구한 학문 분야의 활동이 그로 하여금 오래도록 세상 사람들의 추앙을 받게 만들었다.

그는 인류의 진보와 자연 정복을 달성하기 위해 먼저 모든 편견이나 맹목적인 오류로부터 우리의 사유를 깨끗이 해야 한다고 주장한다. 그 다음에 올바른 연구방법을 터득해가야 한다는 것이다. 첫 번째 문제를 해결하기 위해 그는 우상론(偶像論)을 들고 있으며, 두 번째 문제를 해결하기 위해서는 귀납법을 제시하고 있다.

먼저 우상론을 살펴보면 다음과 같다. 첫째는 종족의 우상이다. 여기서는 모든 인간이라는 종족의 타고난 천성이 쉽사리 이끌려 들어가는 여러 가지 착각을 논하고 있다. 가령 고대인들이 가진 토테미즘(totemism), 애니미즘(animism), 그리고 모든 것을 사람과 동일시하는 의인관(擬人觀), 감각기관에 의한 착각 등이 여기 속한다.

둘째는 동굴의 우상이다. 플라톤이 말한 '동굴의 비유'에서 빌려온 용어로, 개개인마다 서로 다른 기질, 교육, 관점, 처지에서 비롯되는 오류를 말한다. 각 개인은 마치 자기만의 독특한 동굴 속에 갇혀 있는 것과 같은 상태이기 때문에 누구나 편견을 갖게 마련이다.

셋째는 시장(市場)의 우상이다. 시장이란 사람들이 만나 서로 인사하고 교제도 나누는 장소다. 이러한 과정에서 언어가 생겨나는데, 가령 무의미한 언어라 할지라도 그것이 사물 자체로 취급되는 경우가 있다. 예를 들어, 용이나 봉황처럼 상상 속에서만 존재하는 동물도 자주 말로 표현되다 보면 마치 실제로 존재하는 것처럼 여겨진다.

마지막으로 극장의 우상을 경계해야 하는데, 여기서는 고대 철학자들의 뿌리 깊은 인습적 공리가 문제다. 무대 위에 꾸며진 가상적인 장면을 보고 환호하는 관객들처럼 전통이나 권위의 후광을 업고 나타난 학설을 아무 비판 없이 받아들이는 데서 생겨나는 오류가 극장의 우상이다.

이상과 같은 우상론에 의해 우리의 사유를 깨끗이 청소한 다음, 올바른 학문적 방법으로서의 귀납법을 사용해야 한다. 자연 현상을 관찰하고, 그 결과를 토대로 실험을 반복해 어떤 법칙을 얻어내는 귀납법적 방법에 의해서만 우리는 자연을 정확하게 알고, 또 그것을 진정으로 지배할 수 있는 것이다.

베이컨은 자연에 대한 지식의 근원을 오직 경험 속에서만 찾으려 했고, 이 점이 그로 하여금 근세를 대표하는 사상가로 자리매김한 원인이 되었다.

이상과 같이 살펴본 세 사람의 사상가는 고대, 중세와는 그 사고의 궤를 달리한다. 과거의 것을 그냥 답습하는 것이 아니라 새로운 시대에 맞추어 적극적으로 변화를 모색하고 있는 것이다. 긍정적 방향으로의 변화와 개혁은 어느 시대에나 필요하지 않겠는가?

선천적 이성인가 후천적 경험인가, 합리론과 경험론

우리가 사물을 인식할 때 선천적으로 타고난 인식능력에 의한다는 설이 '합리론'이고, 후천적으로 쌓는 경험에 의한다는 설이 '경험론'이다. 과연 어느 쪽이 옳을까?

먼저 합리론은 우리의 선천적 인식능력으로서의 이성을 신뢰하고, 어떤 하나의 명제로부터 개별적 명제를 도출해내는 연역적 방법을 주로 택한다. 이에 반해, 경험론은 모든 인식이 후천적 경험에 의해서만 발생한다고 주장하며, 현실에서 마주치는 개별적인 사례들을 종합해 결론을 내리는 귀납적 방법을 선호한다. 일단 두 이론의 역사부터 살펴보기로 하자.

대륙의 합리론

　17세기를 '과학혁명의 시대'라고 부르는데, 중상주의 정책을 쓰는 나라에서 과학연구를 강력히 뒷받침한 결과라고 말할 수도 있겠다. 대표적인 과학자는 영국의 뉴턴으로 그는 데카르트의 연역법에 실험적 방법을 합해 우주의 현상을 설명하려 했다. 그리고 이 우주는 만유인력(萬有引力)의 법칙에 의해 움직이는 것이라고 주장해 신 중심의 전통적 가치관에 일격을 가했다. 또 혈액 순환의 원리를 밝혀낸 하비(W. Harvey), 기체의 압력과 부피와의 관계를 설명해낸 보일(R. Boyle) 등이 이 무렵 영국에서 활동한 과학자들이다. 이때의 철학자들은 관찰과 실험을 증명하기 위해 수학자를 겸하기도 했는데, 해석 기하학을 창시한 데카르트와 미분, 적분학을 개척한 독일의 라이프니츠가 대표적이다.

　18세기에 들어와서는 진화론의 선구적 견해를 언급한 프랑스의 뷔퐁과 이를 발전시켜 용불용설(用不用說)을 주장한 라마르크, 종두법(種痘法)을 발견해 어린아이의 사망률을 크게 낮춘 영국의 제너가 있다. 이러한 과학혁명은 인간정신에도 큰 변화를 일으켜 우주법칙에 대한 연구가 얼마든지 가능하다는 믿음을 가져다주었고, 이를 인간의 문제에도 적용해야 한다는 생각이 널리 퍼져나가게 했다. 그리고 이것이 바로 합리주의 철학으로 나타난 것이다.

프랑스, 네덜란드, 독일 등 유럽 대륙 쪽에서는 인간의 선천적 이성을 신뢰하고, 수학을 언제 어디서나 보편타당한 학문으로 간주하는 경향이 나타나기 시작했다. 또 몇 가지 중요한 기본개념들을 가지고 전체적인 철학 체계를 세우려고 노력했다. 이러한 경향이 합리론으로 불리게 되었으며, 17세기 유럽의 모든 사상은 데카르트, 스피노자, 라이프니츠의 철학 가운데 나타나 있다고 해도 지나치지 않다.

나는 생각한다, 고로 존재한다 – 데카르트

프랑스 귀족 가문에서 태어난 데카르트는 첫 번째 글로 『세계』라는 제목의 책을 내놓았다. 그러나 이 책은 갈릴레이의 처형 소식이 전해진 후 불태우고 말았다. 이 책에서 지동설을 주장했기 때문에 저자 자신이 당시 교회와의 마찰을 걱정한 때문이다. 다음 저작인 『방법론 서설』 역시 익명을 통해 발표했고, 그로부터 다시 4년 후 비로소 주저인 『제1 철학을 위한 명상』을 발표했다. 그 후 적어도 이 책만은 교회의 주장과 일치된다고 믿어 파리 대학에 기증했다. 하지만 얼마 가지 않아 금지도서 목록에 오르고 말았다.

그의 수학적 업적은 해석기하학과 좌표기하학을 발명한 것이라 할 수 있는데, 여기에서 얻은 연구 성과가 지식의 모형에 대한 그의 철학적 사색이나 공간에 대한 표상과 밀접한 관계를 맺고 있다.

데카르트는 우리의 지식이 더 이상 의심할 수 없는 원리로부터 시작되어야 한다면, 그 출발점이 확실한 기초 위에 서 있는지를 먼저 따져보아야 한다고 생각했다. 과연 철저한 회의(의심)를 이겨낼 만한 제1명제는 무엇일까? 이를 알기 위해 우리는 모든 것을 의심해보아야 한다. 학교에서 배운 내용이나 사람과의 만남을 통해 터득한 일, '1+1=2'처럼 확실하다고 여겨지는 수학 공식에 대해서도 의심해봐야 한다. 사실은 '1+1=3'인데, 우리를 나쁜 쪽으로 이끄는 악마가 있어서 모든 인간을 한꺼번에 속였다고 의심해볼 수도 있기 때문이다.

그러나 내가 더 이상 의심할 수 없을 뿐 아니라 오히려 의심하면 할수록 더욱 확실하게 나타나는 한 가지가 있는데, 그것은 내가 지금 이 순간에 의심하고 있다는 것, 다시 말하면 '생각하고 있다'는 사실이다. 모든 것을 의심할 수 있지만, 내가 현재 생각하고 있다는 사실은 도저히 의심할 수 없다. 그렇다면 생각하는 주체로서의 나 자신도 부정할 수 없게 된다. 왜냐하면 사유의 주체 없이 사유작용이 저절로 일어날 수는 없기 때문이다.

여기에서 '나는 생각한다. 고로 존재한다'는 유명한 명제가 나온다. 내가 생각하고 있음이 확실하다면 사유의 주체인 '나'

가 있어야 한다. 데카르트는 이 명제를 움직일 수 없는 하나의 출발점으로 삼았으며, 나아가 이 명제처럼 우리가 직접 인식할 수 있는 것이 있다면 그 역시 확실한 것임에 틀림없다고 보았다. 이러한 관점에서 데카르트는 신과 세계의 존재를 확실한 것으로 도출해냈다.

다른 것의 도움 없이 스스로 존재하는 것, 즉 존재하기 위해 다른 아무 것도 필요로 하지 않는 것을 '실체(實體)'라고 부르는데, 데카르트는 먼저 영원불변한 실체로 마땅히 신을 들고 있다. 그리고 두 가지의 실체를 더 들고 있는데, 그것은 정신과 물체다. 이 두 가지는 서로 독립적으로 떨어져 있어 아무 영향을 주고받지 않는다. 여기에서 정신의 속성은 사유이며, 물체의 속성은 연장이다. 정신은 사유하지만 연장이 없는 실체이고, 물체는 사유하지 않고 다만 연장을 가진 실체일 뿐이다.

그렇다면 우리의 몸과 마음은 서로에게 영향을 주는 걸까? 본래 데카르트의 입장이라면, 당연히 서로 관련이 없다고 해야 한다. 그러나 데카르트는 적어도 인간에게 있어서만큼은 몸과 마음, 육체와 정신이 결합해 서로 작용한다고 인정해야만 했다. 이 두 가지는 뇌 속의 송과선(松果腺)을 통해 서로 만나고 있다. 밖으로부터 주어진 물리적 자극이 신경계통을 통해 마음속에 전달되어 감각을 일으키기도 하고, 반대로 마음속에서 일어난 의지의 결정이 육체에 전달되기도 하는 것이다.

결론적으로 말해, '사유'로부터 '존재'를 도출해낸 데카르트는 '근세철학의 아버지'이자 합리론의 선두주자로 불릴만한 철학자임에 틀림없다.

관념과 물체 – 스피노자

스피노자(Spinoza)는 네덜란드 암스테르담에서 태어났는데, 그의 조상은 스페인에서 이민해 온 유대인이었다. 어려서부터 뛰어난 재능을 인정받은 스피노자는 아버지의 뜻에 따라 유대교 목사직을 꿈꾸며 성장했다. 그러나 스물네 살에 이단으로 고발당했고, 유대교 교단에서 추방되었다. 그러나 이는 결과적으로 스피노자가 모든 선입견으로부터 벗어나 스스로의 독자적인 정신을 갖게 해준 사건이기도 했다.

그는 당대 유명 인물들과 편지 교환을 통해 지식을 넓혀 나갔고, 전 유럽에 이름을 떨쳤다. 1673년에는 독일 하이델베르크 대학의 철학교수로 근무할 기회가 주어지기까지 했으나 거절했다. 철학을 연구하는 데 방해받기 싫다는 것, 그리고 젊은 시절부터 생계수단으로 안경 렌즈 손질하는 기술을 배워두었기 때문이다. 하지만 먼지투성이 작업장에서의 오랜 작업이 그를 폐병에 걸리도록 만들었고, 결국 44년이라는 짧은 생애를 마쳐야만 했다.

앞서 데카르트는 실체에 대해 '다른 것의 도움 없이 스스로 존재하는 것'이라 규정했다. 그러나 스피노자는 실체를 '모든 사물의 근저나 배후에 자리 잡고 있으면서 모든 존재를 자체 안에 융합하거나 포괄하는 일자(一者) 또는 무한자'로 이해했다. 그런데 이는 결국 신의 개념과 일치하며, 나아가 모든 존재자를 총괄하고 있기 때문에 자연의 개념과도 일치한다. 여기에서 '실체=신=자연'이라는 등식이 성립하는 것이다.

신은 사유(정신의 속성)와 연장(延長, 물질의 속성)이라는 두 가지 특성을 동시에 지니고 있다. 그런데 모든 것은 신을 통해 존재하므로 우리 앞에 나타나는 모든 현실적 사물 역시 두 가지 관점에서 파악되어야 한다. 즉, 사고의 관점에서 보면 관념으로, 연장이라는 관점에서 보면 물체로 나타나는 것이다. 다시 말해, 두 개의 서로 다른 실체가 존재하는 것이 아니라 두 가지 양상을 통해 관찰되는 하나의 실체가 있을 뿐이다.

인간 역시 육체와 정신(영혼)이라는 두 개의 실체로 구성되어 있는 것이 아니라 하나의 존재가 지닌 두 개의 측면에 불과하다. 이렇게 해서 데카르트의 이원론은 스피노자에 이르러 결국 일원론으로 통합되었다.

스피노자는 『에티카(Ethica)』의 원고를 일생의 마지막 순간까지 책상서랍에 감추어 두었는데, 자신이 죽은 뒤 이 글이 분실되지 않을까 하는 불안감에 사로잡혀 있었기 때문이다. 그러나 이 책은 그가 세상을 떠난 해에 친구들에 의해 출판되었다.

그는 이 책에서 "만일 인간이 스스로 어떤 선택을 하고 있다고 생각한다면 그거야말로 큰 착각이 아닐 수 없다"고 주장한다. 그것은 마치 공중으로 휙 던져진 돌 조각이 일정한 궤도를 따라 움직이고 나서, 스스로의 결정에 의한 것처럼 여기는 경우와 같다. 모름지기 인간의 행동이란 모든 자연현상과 마찬가지로 불변의 법칙에 따를 수밖에 없는 것이다.

그렇다고 해서 우리가 스스로의 행동에 대해 책임질 필요가 없다는 뜻은 아니다. 우리의 행동이 자유롭든 자유롭지 못하든 그 동기란 어디까지나 스스로의 희망과 공포에서 우러나온다. 따라서 우리는 계율과 명령이 있음을 인정해야 하고, 자신의 행동에 대한 책임도 져야 한다. 자연이 자연법칙을 따를 때 그것의 최고 상태에 도달하는 것처럼, 인간 역시 그 본연의 법칙인 이성에 따를 때 최고의 덕에 도달할 수 있는 것이다.

흔히 스피노자 하면 "내일 지구의 종말이 오더라도 나는 한 그루의 사과나무를 심겠다"는 말을 떠올린다. 이 때문에 그가 매우 낙천적인 기질을 가졌을 것이라 상상한다. 하지만 그의 생애는 불우하고 고독했으며, 그의 철학에는 숙명적 체념과 같은 것이 담겨 있다. 천성적으로 타고난 그 자신의 성향 탓도 있겠지만, 부처의 가르침에서 영향 받은 바도 크지 않을까 생각한다.

유년 시절에 이미 폭넓은 교육을 받아 15세에 대학에 진학한 라이프니츠는 17세에 졸업 자격시험에 통과했다. 그러나 대학에서는 나이가 너무 어리다는 이유로 박사학위 수여를 금지했고, 결국 다른 대학에서 학위를 받았는데 스물한 살의 그에게 바로 교수직이 제공되었다. 그러나 속박을 원치 않았던 라이프니츠는 이를 거절했고, 이후 평생 대학에서는 근무하지 않았다. 그는 프랑스 파리로 가서 네덜란드와 독일을 위협하는 루이 14세의 공격의도를 다른 방향으로 바꾸고자 애썼다. 그 구체적 방안으로 프랑스가 이집트를 공략해야 한다고 주장했는데, 아무 반응도 얻어내지 못했다. 결국 이 일은 나중에 나폴레옹에 의해 실현되었다.

파리에 머무는 동안 라이프니츠는 데카르트와 스피노자 윤리학의 초고를 읽고 당시 대표적 인물들과 사귀었으며, 귀국하는 길에는 스피노자를 방문하기도 했다. 하지만 말년의 라이프니츠는 그가 모시던 왕후의 실각으로 말미암아 고독하기 짝이 없었다. 그가 세상을 떠나자 프랑스 학술원이 "세계에 빛을, 독일에 영광을 가져다 준 영혼"이라는 짤막한 추도사를 발표했을 뿐, 그밖에 어떠한 격식도 없이 매장되고 말았다.

라이프니츠의 『단자론』에 의하면, 운동이란 상대적인 것이다. 어떤 물체가 움직이거나 움직이지 않는 것으로 보이는 것은 관찰자의 입장에 따라 결정되는 것이다. 이러한 견해는 아인슈타인의 상대성이론(相對性理論)을 연상시키기도 한다.

그렇다면 그가 말한 단자(單子, Monade)란 무엇일까? 그것은 첫째, 점(點)이다. 여기에는 때마침 발명된 현미경이 큰 영향을 주었을 거라 짐작한다. 둘째, 단자는 힘인 동시에 힘의 중심체다. 셋째, 단자는 정신이다. 가장 하위를 차지하는 단자는 마치 몽상과 같은 혼미한 상태에 있고, 인간의 정신과 같은 단자는 의식을 소유하고 있으며, 가장 높은 층의 단자인 신은 무한한 의식, 즉 전지전능한 힘을 가지고 있다. 넷째, 단자는 개체다. 단자 모두는 각기 독특한 방법으로 전체 우주를 반영하고 있는 거울과 같다. 또 모든 단자는 외부로부터 완전히 단절되어 있는 한, 창이 없는 개체이기도 하다.

그런데 외부와 어떠한 교통도 없는 단자들이 어떻게 세계의 전체적 조화를 이루어 낼 수 있을까? 라이프니츠는 여기에서 유명한 '시계의 비유'를 들고 있다. 두 시계가 똑같이 바늘을 움직여가는 것은 그것들이 미리 정교하게 가공되어 있기 때문이라는 것이다. 이것이 이른바 '예정조화론(豫定調和論)'이다. 신은 단자들이 각각의 법칙을 지켜나가되, 결국 그렇게 해서 전체적으로는 완전한 일치에 도달하도록 미리 설계해 놓았다는 것이다. 인간의 경우에도 영혼은 사유원리에 따라 작용하고, 육체는 자연법칙에 따라 움직이지만 결국 한 사람 가운데 두 가지가 조화를 이룬다.

이상에서 보는 것처럼 합리론자들은 정신과 물질, 영혼과 육체의 상호관계에 주목하면서도 어떤 정신적인 원리를 늘 기저에 깔고 있었다.

영국의 경험론

이와 반대로, 막 태어났을 때 인간의식을 백지 상태로 보고, 후천적 경험에 의해 인식이 성립되는 것으로 보는 경험론자들이 있다. 경험론이란 무엇인가? 그것은 뜬구름 잡기식의 탁상공론을 배척하고, 모든 학문의 기초를 경험에 두려고 했던 철학적 경향을 말한다. 앞서 등장한 합리론이 유럽 대륙의 철학자들에 의해 발전했다면, 경험론은 영국의 로크(J. Locke)와 버클리(G. Berkeley) 그리고 흄(D. Hume)이라는 세 명의 철학자로 대표된다.

여러 민주화의 과정 속에서 정치적 자유를 쟁취하고 이를 기반으로 해 국제적인 영향력과 사회적 복리를 증진시켜 나간 13~17세기 영국에 있어서 그 민족성이란 실제적인 인간을 모범으로 삼는 것이었다. 특히 기독교적 청교도주의(淸敎徒主義, Puritanism)는 엄격성과 더불어 실천적인 노동윤리로 영국의 국민성을 형성하는 데 결정적 역할을 했다.

영국 경험론의 선구자로 로저 베이컨(R. Bacon)을 들 수 있다.

그는 지식의 원천을 경험에서 구하려고 한 최초의 인물이다. 이어 등장한 윌리엄 오컴(W. Occam)은 유명론을 활용해 스콜라 학자들의 사변적인 경향에 타격을 가했다. 이미 살펴본 프란시스 베이컨은 '지식이란 오직 실험과 경험에 의해 성립되며, 그것의 목적은 자연정복'이라고 주장했다. 홉스는 철학을 '관찰된 결과로부터 그 원인을 인식하는 학문'이라고 규정했으며, 물리학자 뉴턴은 코페르니쿠스, 케플러, 갈릴레이, 호이겐스 등과 그 밖의 인물들이 이룩한 자연과학적 업적을 이어받아 이를 집대성했다. 만유인력의 법칙으로 잘 알려진 뉴턴의 업적들은 귀납적 방법과 연역적 방법을 성공적으로 결합시킴으로써 이루어질 수 있었던 것으로 보인다.

감각적 인상 – 로크

시골변호사의 아들로 태어난 로크는 철학과 수학 그리고 자연과학 등을 연구했으며, 특히 의학을 공부해 의사자격증까지 얻었다. 한때 정치에 관여하기도 했고, 「권리장전」 작성에도 가담했다. 그의 철학은 버클리와 흄에 의해 후대로 이어졌으며, 그 정치사상은 프랑스의 몽테스키외가 발전시켜 미국의 헌법에까지 구현되었다. 또 그의 자유주의적 교육사상은 루소에 의해 유럽 대륙으로 전파되었고, 마침내 모든 계몽주의자들의 찬사를 받았다.

과연 우리 인간이 외부의 사물을 인식할 수 있는 것은 무엇 때문일까? 로크는 먼저 본유관념(本有觀念)은 결코 존재하지 않는다고 말한다. 왜냐하면 어린아이나 야만족의 정신 상태에서 '태어날 때부터 타고난 것으로 여겨지는, 보편타당한 관념'이란 찾아볼 수 없기 때문이다. 그렇다면 우리의 모든 의식은 밖으로부터 받아들여진 외적 경험이나 그것을 가공한 내적 경험 둘 중 어느 하나에서 나온다. 그러나 내적 경험 역시 외적 경험에서 나올 수밖에 없으므로 우리의 모든 인식은 결국 외적 경험에서 유래한다고 볼 수 있다.

로크에 의하면, 원래 우리의 의식은 아무 글도 쓰여 있지 않은 백지(tabula rasa)와 같다. 깨끗한 종이에 글씨를 써나갈 때 메워지는 것처럼 무의 상태인 의식에 후천적인 경험이 더해짐으로써 그 내용인 관념이 생겨나는 것이다. 그리고 이러한 관념에는 외부로부터의 인상(印象)을 단순히 복사한 단순관념과 그 단순관념에 오성이 결합되어 만든 복합관념이 있다.

로크는 이러한 관념들이 그 자체로서는 어떠한 기체(基體)의 성질도 지니고 있지 않다고 주장한다. 그러나 한 가지 예외가 있는데, 그것이 바로 실체의 개념이다. 감각적 인상에 대한 밑받침으로서 실체는 그 자체로 존재하는 것이어야 한다는 뜻이다. 여기에서 로크는 물체의 성질 가운데 제1성질[25]만큼은 인정하고 있다.

어떤 의미에서 '경험론의 역사'는 정신과 물체라는 두 가지 실체 개념을 제거해가는 과정이라 할 수 있다. 그런데 로크는 물체의 제2성질이란 '환경에 따라 늘 달라지는 것'으로서 그 실체성을 부정한 반면, 물체의 제1성질은 변하지 않는 항구적인 성질이라고 여겨 그 실체성을 고스란히 인정했다. 이 점에서 그는 아직 경험론 사상에 철저하지 못했던 것으로 여겨진다.

존재란 지각된 것 – 버클리

버클리는 영연방 중의 하나인 아일랜드 남부 지방에서 태어났으며, 시칠리아 섬의 토인들에게 문명과 기독교를 전파했다. 그는 소박하고 꾸밈없는 생활방식이 정착될만한 식민지를 건설하기 위해 신대륙의 버뮤다 섬을 방문하기도 했다. 그는 아일랜드 클로인에서 18년 동안 주교생활을 한 뒤, 옥스퍼드에서 사망했다.

앞서 로크는 제1성질을 그 자체로 존재하는 객관적인 것으로 보고 시각, 청각, 냄새, 맛 등 제2성질만을 주관적인 것으로 간주했다. 이에 비해 버클리는 제2성질뿐만 아니라 연장이나 형상, 견고성, 개수 등 제1성질마저도 주관적인 것에 불과하다고 주장했다. 그는 제1성질이건 제2성질이건 우리가 지각하는 모든 것은 일종의 정신적 상태로 이해되어야 한다고 보았다.

그에 의하면, 하나의 감각기관이 작용해 얻어진 색이나 맛은 물론이고, 둘 이상의 감각기관(눈과 손)을 통해 이루어진 관념도 모두 정신작용에 의해 얻어진 것이다. 이 모든 것은 오직 정신 속에만 존재할 수 있고, 그 밖의 다른 방법으로는 존재하지 않는다. 따라서 사물의 존재란 그것이 지각된다는 것을 의미할 뿐이다. 즉, 존재는 지각된 것에 불과하다.

앞서 데카르트는 '스스로 존재하는 것'으로 두 가지 실체, 정신과 물체를 들었다. 그런데 물체 가운데 그것의 제2성질을 주관적인 것이라고 하여 실체성 가운데 반절을 제거한 사람이 로크였다. 이에 대해 버클리는 물체의 나머지 반절, 즉 제1성질마저 주관적인 것이라 하여 그 실체성을 부정하기에 이르렀다.

이제 정신이라는 실체 하나만 남았는데, 버클리는 이에 대해서는 그 실체성을 조금도 의심하지 않았다. 정신의 실체성은 흄에 의해 비로소 부정된다. 그러므로 흄이야말로 진정 철저한 경험론자였다고 평가할 수도 있다.

뚱뚱한 회의론자 ― 흄

흔히 회의론자(懷疑論者)라고 하면, 풍채가 빈약하고 남을 의심하는 눈초리에 비아냥거리는 듯한 입을 가진 사람을 떠올릴 것이다. 그러나 흄의 얼굴은 둥글넓적하고 살도 많이 찐 편이었으며, 입은 크고 우직한 느낌을 주었다. 눈도 멍하니 생기가 없어 보였는데, 그의 뚱뚱한 모습을 보면 사람들은 교양 있는 철학자라기보다 차라리 거북 요리를 먹고 있는 시의원을 대하는 듯한 느낌을 받을 것이다.

흄은 26세에 이미 유명한 『인성론』을 집필했다. 그러나 이 책은 사람들의 주목을 끌지 못했다. 대학교수가 되려고 했지만 무신론자라는 이유로 거절되었고, 정신이상자인 후작의 시중을 들다가 먼 친척뻘 되는 장군의 비서로 전투에 참가하기도 했다. 결국 에든버러 대학의 도서관 사서 자리 하나를 겨우 얻게 되는데, 이곳에서 일하는 동안 집필한 『영국사』로 말미암아 부와 명예를 한꺼번에 거머쥐게 된다. 비록 못생겼지만 부인들 사이에 인기가 높았다고 전해지는데, 평생 결혼은 하지 않았다. 흄은 마지막 죽음의 순간까지도 "회의주의를 버리라"는 권유를 완강히 거절했다고 한다.

앞에서 우리는 로크와 버클리에 의해 물체의 제1, 2성질이 부정되는 장면을 보았다. 그런데 이 과정을 살펴보면 이렇다. 가령 우리가 우리 밖에 있는 사물에 대해 우리의 감각을 통해 받아들인 인상을 아무리 함께 결합시킨다 해도 그 밑바닥에 자리한 물질적 실체를 이끌어낼 수 없었다. 마찬가지로, 우리가 아무리 우리의 내적 인상인식인 감정과 의욕을 함께 결합해도 그 밑받침이 되는 정신적 실체, 즉 영혼이 우리 가운데 존재한다고 주장할 수는 없다는 말이 된다. 예를 들어, 분필이라는 물질적 실체에 대해 각각의 감각적 인상(하얗다, 무미하다, 부드럽다

167

등)을 아무리 잘 결합한다고 해도 분필이라고 하는 실체를 주장할 수는 없다. 이와 마찬가지로, 우리가 무엇을 알거나 느끼거나 의욕을 갖는 내부적인 움직임이 설령 우리 안에 있다 한들, 그것을 총괄하는 정신(영혼)이라는 실체가 존재한다고 주장할 만한 근거는 어디에도 없다는 뜻이다.

다시 말하면, 분필의 여러 가지 감각들이 우리에게 느껴진다 해도 그 분필이 실제 존재한다고 말할 수 없는 것과 마찬가지로 우리 마음 가운데 여러 가지 움직임이 느껴진다 해도 그것을 일어나게 하는 정신(영혼)이 실제로 우리 속에 존재한다고 말할 수는 없는 것이다. 조금 이상하게 들릴지 모르지만 분필이 일으키는 하얀색, 부드러운 감촉은 분명히 있는데 그 분필이 '있다'라고 확실하게 말할 수 없듯 우리 정신이 일으키는 사랑과 미움 등이 있다 할지라도 그 정신이 정말 '있다'고 분명하게 말할 수 없다는 것이다. 철저한 경험론의 입장에서는 분명하게 드러나는 것만 인정해야 하기 때문이다.

두 가지 실체로서의 정신과 물체를 모두 파괴해버린 흄에게는 관념만이 겨우 명맥을 유지할 뿐이다. 나아가 그 관념이란 어떤 필연적 원인의 결과라기보다는 언제라도 모양을 달리할 수 있는 것, 다시 말해 우연히 나타났다 사라져버리는 것에 지나지 않는다.

흄은 실체에 있어서와 마찬가지로, 인과성에 대해서도 부정적인 입장을 취하고 있다. 예를 들어, 내가 당구를 칠 때 A라는 공을 쳐서 B라는 공을 움직였다고 가정해 보자. 이때 나는 정지되어 있는 공 B가 A의 충격을 받고서야 움직였다고 판단하는 것이고, 이러한 현상을 여러 차례 반복해 관찰할 수 있다. 이때 나는 A가 B의 원인이고, B는 A의 결과라고 말하며 서로의 인과성을 인정하게 된다.

그러나 엄밀히 일어나는 현상 자체만을 두고 본다면, A가 움직이고 난 다음에 뒤이어 B가 움직였다는 사실만 관찰될 뿐이다. 여기에서 A가 B의 원인이라는 사실은 관찰되지 않는다. 즉, 우리는 선후 관계를 나타내는 현상 자체의 계기(繼起) 작용만 살펴볼 수 있을 뿐, 필연적인 인과관계를 확인할 수 없는 것이다. 그럼에도 불구하고 왜 우리는 마치 두 현상 사이에 필연적인 인과관계가 있는 것으로 생각하게 되는 것일까?

그것은 우리가 두 현상 사이에 일어나는 동일한 상태를 언제나 시간적 또는 공간적 상관관계 속에서 관찰해 자기도 모르는 사이에 이 두 가지가 내적인 필연관계에 있다는 관념을 갖게 되는 데서 비롯된다. 하지만 이 내적 강박은 습관에 불과하며, 이것이야말로 우리로 하여금 인과성에 관한 잘못된 관념을 지니게 만든 것이다.

그러므로 이제 우리는 이와 똑같은 현상이 앞으로도 계속 되풀이되리라는 확신을 가질 수 없고, 다만 이를 믿음의 대상으로 받아들일 수 있을 뿐이다. 그럼에도 불구하고 인과율은 실제적인 효용 면에 있어서 그 의의를 인정받을 수 있으며, 흄 자신도 그것을 인정하고 있다.

물론 흄이 인간의 건전한 상식에 반기를 들기 위해 이런 주장을 한 것은 아니다. 그는 인간이 감히 알 수 없는 것마저 알려고 달려드는 독단론적 형이상학자를 겨냥한 것 같다. 이와 관련해 칸트는 흄을 통해 비로소 '독단의 잠'에서 깨어날 수 있었다고 고백하고 있다.

지금까지 합리론자와 경험론자의 철학을 대강 살펴보았다. 그럼에도 여전히 남는 의문이 있다. 과연 우리의 인식은 선천적 인식능력(이성)에 의해 이루어지는가, 후천적 경험에 의해 생겨나는가? 이에 대해서는 칸트가 그의 비판철학으로 종합을 시도한다.

합리론과 경험론의 종합 – 칸트의 비판철학

독일(당시 프러시아)의 북부 도시 쾨니히스베르크에서 마구사의 아들로 태어난 칸트(Kant)는 1781년 발표한 『순수이성비판』으로 갑자기 유명인사가 되었다. 무신론적 경향으로 인해 왕으로부터 경고를 받기도 한 칸트는 그의 위대한 철학으로 말미암아 독일 국경을 넘어 여러 나라로부터 찬사를 받았다. 그의 저서 가운데 중요한 것만 열거해 보면, 『순수이성비판』 『도덕형이상학 원론』 『실천이성비판』 『판단력비판』 『이성의 한계 내에서의 종교』 『영구평화론』 등이 있다.

『순수이성비판』은 인간의 인식 측면을 다루고 있는데, 크게 선험적 미학과 선험적 분석론, 선험적 변증론으로 나누어진다. 선험적 미학은 감성(感性) 능력을, 선험적 분석론은 오성(悟性) 능력을, 선험적 변증론은 이성(理性) 문제를 다루고 있다.

먼저 '감성'이란 밖의 대상이 우리에게 작용함으로써 일어나는 우리 자신 가운데의 어떤 능력이며, 이 감성만이 개별적 대상에 대한 직접적인 표상을 우리에게 제공해준다. 그러나 실제로 감성이 제공하는 것은 개별적인 감각작용에 지나지 않는 대신 우리에게는 이것들을 정리할 수 있는 능력, 즉 공간적 내지 시간적 통일이라는 특정한 방법에 따라 질서를 부여할 수 있는 능력이 주어져 있다. 여기에서 공간이 우리에게 선천적으로 주어진 외적 직관형식이라면, 시간은 내적 직관형식이 된다. 이것들은 우리 자신 내부에 미리 갖추어져 있으며, 이에 대해 모든 인간은 똑같은 감성구조를 가지고 있기 때문에 보편타당성을 얻게 된다.

'오성'이란 무엇일까? 그것은 우리 안에서 일어나는 자발성이다. 감성을 통해서는 대상이 우리에게 주어질 뿐이고, 오성에 의해 비로소 이 대상이 생각되어진다. 시간, 공간의 직관형식에 의해 주어진 인식의 재료를 우리의 감성이 수용은 했지만, 참다운 인식이 성립되기 위해서는 그 대상이 오성에 의해 사유되어야 한다. 참다운 인식은 감성의 수용성과 오성의 자발성이 결합해 이루어진다. 가령 우리가 백묵을 인식하려면 백묵이라는 대상이 우리 눈에 보이고 손으로 만져져야 하며(직관), 그렇게 감각된 내용들이 우리 자신의 사고(오성)에 의해 정리되어야 한다. 우리의 모든 인식은 경험과 더불어 시작되지만, 인식을 위해서는 오성의 자발성이 필요하다.

우리의 인식은 언제나 감성과 오성의 결합으로 성립되기 때문에 감성적 직관이 주어지지 않은 대상에 대해서는 범주를 적용할 수 없다. 말하자면, 우리가 현실 세계에서 경험할 수 없는 영혼불멸이나 신의 존재에 대해 우리의 인식은 한계에 머물 수밖에 없는 것이다. 그럼에도 불구하고, 감성적 직관이 주어지지 않는 초감성계에까지 오성의 범주를 적용하려는 데서 선험적 가상(假象)이 생겨난다.

이 일을 일으키는 주체가 바로 이성이다. 우리의 이성은 상대적인 통일에 만족하지 않고, 하나의 완전한 궁극적 통일을 추구한다. 그래서 마침내 무제약자(無制約者)가 실제로 존재한다고 상정하기에 이른다. 이것이 곧 선험적 가상이다. 다시 말해, 도무지 알 수 없는 것들에 대해 포기하면 되는데, 그러지 못하는 이성 때문에 문제가 생기는 것이다.

가령 영혼이 불멸하는지 하지 않는지, 세계가 무한한지 유한한지, 신이 존재하는지 존재하지 않는지 우리는 알 수 없다. 우리는 그것을 경험할 수 없기 때문이다. 따라서 양쪽의 주장은 똑같은 권리와 타당성을 가진 채 나타나고, 우리는 어느 쪽이 옳은지를 판단할 수 없다. 결국 이에 대한 해답은 이론의 세계에서가 아니라 실천적·도덕적 세계에서나 가능한 것으로 남게 된다.

『실천이성비판』은 인간의 도덕 문제를 다루고 있는데, 여기에서 칸트는 몇몇 주장을 내놓고 있다. 첫째는 우리의 양심이 명령하는 도덕률(도덕법칙)에 따라 행동해야 하고, 선의지(좋은 의도)에 입각한 행동을 해야 하며, 인간으로서 마땅해 행해야 할 의무에 따라야 한다는 것이다. 이러한 그의 윤리학은 '경건한 엄숙주의'로 불린다.

『이성의 한계 내에서의 종교』에서 칸트는 '종교의 과제란 도덕을 촉진시키는 데 있다'고 주장한다. 즉, 모든 사람이 도덕적 의무를 신의 명령, 즉 계명으로 보아야 한다는 것이다. 따라서 종교의 존재 목적은 도덕법칙의 영향을 강화하는 것이고, 때문에 모든 종교는 도덕적 이성에 의해 검증을 받아야 한다는 것이 칸트의 생각이다. 나아가 칸트는 역사상 등장한 모든 종교 가운데 기독교만이 도덕적 완성을 이룩한 유일한 종교라고 말한다. 기독교는 인간들에게 무한한 도덕적 노력을 강조한다는 것이다.

이밖에 『영구평화론』에서는 세계평화를 유지하기 위한 법원리로 여섯 개의 예비조항과 세 개의 결정사항을 제시하고 있으며, 『덕행론』에서는 인간이 지켜야 할 자기 보존의 의무, 타인에 대한 사랑의 의무 등에 대해 언급하고 있다.

이러한 칸트 철학이 다음 세대에 미친 영향은 이루 다 말할 수 없을 정도다. 19세기 철학사는 거의 대부분이 칸트 사상의 수용과 전파 또는 부흥의 역사라고 해도 지나치지 않다.

전통인가 계몽인가, 계몽주의

어느 나라 어느 시대에나 옛 것과 새로운 것은 충돌하게 되어 있고, 전통을 지킬 것인가 아니면 새로운 시대로 나아갈 것인가를 놓고 논란이 일게 마련이다. 19세기 유럽에서도 이와 같은 일이 일어났는데, 우선 그 과정부터 살펴보기로 하자.

과학혁명을 통해 확립된 유럽의 합리주의 사상과 절대왕정의 정치적 모순이라는 배경 속에 등장한 것이 계몽주의다. 계몽주의자들은 자연적인 질서가 지배하는 이상사회를 꿈꾸었고, 인간의 이성에 입각해 역사가 진보할 것이라는 확신에 넘쳐 있었다. 계몽주의의 중심지는 혁명을 배태하고 있던 바로 그곳, 프랑스였다.

프랑스의 계몽주의

프랑스혁명이 일어나게 된 배경에는 당시 구제도[26]로 일컬어지는 사회구조의 모순이 자리하고 있었다. 전체 인구의 2%도 안 되는 성직자와 귀족이 특권 계급으로 군림하면서 국가의 중요 자리를 차지했을 뿐만 아니라, 그들은 전체 땅 면적의 40%를 가지고 있으면서도 세금 납부의 의무로부터는 벗어나 있었다. 반면, 평민의 대다수를 차지하고 있던 농민들은 국가 세금의 대부분을 부담함과 동시에 교회에는 따로 십일조를 바쳤고, 부역의 의무까지 감당했다. 그러면서도 정치적인 권리로부터는 배제되어 있었다. 이렇게 누적된 불만들이 계몽주의 사상가들의 새로운 철학에 자극을 받아 폭발 직전에 이르러 있었다. 그런데 마침 이와 때를 맞춘 듯 미국 혁명의 소식이 절대왕정에 대한 반감을 더욱 증대시켰다.

혁명을 불러온 일차적인 원인은 왕실의 재정적인 적자에 있었다. 루이 14세 때부터 재정 손실이 누적되어 오다가 끊이지 않는 전쟁으로 인해 엄청난 비용이 소모되었고, 특권 계급이 세금을 내지 않는 데다 사치와 낭비에 빠진 궁중생활이 겹쳐 더 이상 감당할 수 없는 지경에까지 이르렀다. 이 위기를 타개하기 위해, 루이 16세는 땅의 소유자에 관계없이 똑같은 세금을 거둬들이기로 한다. 이에 귀족들은 오직 삼부회(三部會)[27]만이 과세 결정에 대한 권한이 있다고 주장하며 회의 소집을 요구했다. 여기에 평민들까지 가세하자, 루이 16세는 어쩔 수 없이 삼부회를 소집하게 되었다.

그런데 이 삼부회에서 평민들은 국민의회를 구성하고, 궁정 안에 있는 테니스 코트에 모여 민주적인 헌법이 만들어질 때까지 해산하지 않겠다고 선언한다. 여기에 진보적인 성향을 가진 성직자와 귀족들이 가세함으로써 왕은 이를 인정하지 않을 수 없었다. 그러나 루이 16세는 이를 무력으로 진압하려 함과 동시에 시민의 지지를 받던 재무장관을 해임했다. 그러자 파리 시민들이 봉기하기에 이르렀고, 그들은 전제 억압정치의 상징인 바스티유 감옥을 습격했다. 이 소식을 전해들은 지방의 도시들도 자치제 실시에 동참하게 되고, 무거운 세금과 흉작에 시달리던 농민들은 영주의 저택을 습격해 봉건 문서를 불태우고 고리대 상인들과 관리들을 공격했다.

이러한 농민들의 분노를 막을 길이 없게 된 국민의회는 8월에 봉건적 특권을 폐지할 것을 선언했고, 이어 인권선언을 채택했다. 이는 당시의 자연권 사상과 계몽주의 사상을 반영한 것으로, 그 안에 담긴 내용은 다음과 같다. 인간은 천부적으로 평등하다는 것, 국민에게 주권이 있다는 것, 그리고 언론·출판·신앙의 자유 및 재산권이 신성하다는 것 등이다.

이후 국민의회는 개혁에 더욱 박차를 가해 교회 재산을 몰수하고, 길드를 폐지하며, 행정과 사법 제도를 정비하는 등의 성과를 이루어냈다. 그리고 1791년 9월, 지금까지의 개혁 작업을 총결산하는 '91년 헌법'을 제정했다. 그러나 이 헌법은 재산을 가진 시민에게만 참정권을 부여하고 입법의회를 간접선거로 구성할 것을 결정했기 때문에 가난한 대중들의 불만을 샀다.

1791년 10월에는 새 헌법에 따라 입법의회가 소집되었다. 이 의회는 입헌군주제를 지지하는 페이양파와 공화주의를 주장하는 자코뱅파로 나뉘어 있었다. 그런데 날이 갈수록 자코뱅파 가운데 하나인 지롱드파가 주도권을 장악해갔다. 한편 자기 나라로 혁명의 기운이 뻗치는 것을 두려워한 오스트리아와 프로이센의 군주들이 이 혁명을 막기 위해 개입하기 시작했다. 이에 입법의회는 선전포고로 이에 대항했고, 초기에는 패전을 거듭하다 나중에는 전국에서 조직된 의용군을 통해 전세를 만회할 수 있었다.

1792년 8월, 민중들은 왕을 체포해 왕권 행사를 정지시켰고, 보통선거에 의한 새로운 의회의 소집을 결의했다. 이 의회에서 왕정을 폐지하고 공화정을 수립할 것이 선포되어 국민공회가 세워졌으며, 1793년 1월에는 반역죄 명목으로 루이 16세를 단두대에서 처형했다.

이후 자코뱅파는 지롱드파를 추방하고, 국민공회를 완전히 장악했다. 그리고 1793년 헌법을 제정해 모든 남자 시민에게 선거권을 주는 한편, 노동권과 생존권, 실업자와 병약자에 대한 지원 등을 삽입했다. 그러나 루이 16세가 비참하게 처형된 것에 반발하는 여러 군주들의 합세로 전세는 불리해지고, 물가고와 생활필수품의 부족이라는 경제적 위기가 도래했다. 더욱이 왕당파에 의한 대규모 반혁명이 여러 곳에서 일어나 정세는 악화됐다.

이에 로베스피에르는 비상 독재체제를 선포해 이미 제정된 헌법의 실시를 유보하고, 공안위원회를 중심으로 공포정치를 실시했다. 그는 왕비를 비롯한 반(反)혁명 세력은 물론 지롱드파 내부의 정적(政敵)을 과감히 숙청하고, 여러 봉건적인 권리를 완전히 폐기했다. 또 물가의 상승을 막기 위해 최고 가격제를 실시하는 등 혁명적 조치들을 시행해나갔다.

그러나 공포정치에 대한 국민들의 반감이 싹트기 시작했고, 결국 1794년 7월 국민의회의 보수파 의원들에 의해 로베스피에르는 처형되고 말았다. 물론 공포정치는 혁명의 과정에서 발생한 대내외적인 반동과 위협을 극복하고 절대왕정을 완전히 타파했다는 점에서 시민사회의 기초를 닦았다고 볼 수도 있다. 그러나 근본적으로 유혈 폭력정치라는 분명한 한계를 갖고 있었다. 1795년 10월에는 유산 계급만의 선거에 의해 양원제의 입법부와 다섯 명의 총재가 주도하는 총재 행정부[28]가 수립되었다. 그러나 지속되는 전쟁으로 인해 재정이 바닥나고 자코뱅파와 왕당파의 저항이 여러 곳에서 일어났기 때문에 사회는 여전히 불안했다.

이러한 혼란 속에서 시민계급과 농민들은 그들의 기득권을 보호해줄 수 있는 강력한 지도자를 갈망하기에 이르렀다. 한편 1799년에는 영국이 오스트리아, 러시아 등과 동맹을 맺고 프랑스 국경으로 진격해왔다. 그러나 총재정부는 이를 제지할 힘이 없었기 때문에 국민들의 불안과 불만은 더욱 커져만 갔다.

이 무렵 이집트 원정에 나가 있던 나폴레옹이 부하에게 군대를 맡기고 본국으로 돌아와 의회 내부의 보수파 세력과 결탁, 정권을 장악한다. 이 사건을 계기로 부유한 부르주아를 중심으로 한 보수파가 완전히 세력을 회복해 프랑스혁명은 마침내 종말을 고한다.

나폴레옹은 총재정부를 무너뜨리고, 1795년 헌법에 의해 집정정부(執政政府)를 수립했다. 나폴레옹은 형식상으로 집정정부의 제1집정이었으나, 사실 독재체제나 다름이 없었다. 그는 내부적으로 철저한 중앙집권 체제를 확립했고, 은행을 세우고 관세제도를 개혁해 경제 부흥을 도모했다. 또 나폴레옹 법전을 편찬해 혁명의 성과를 정착시키고자 노력했다. 대외적으로는 교황 피우스 7세와 화해조약을 맺어 교회의 토지를 몰수하는 등 다시 한 번 혁명 성과들을 확인받았다. 그리고 혁명 이후 이어지는 대외적인 전쟁을 계승해 열강의 간섭으로부터 프랑스를 보호하는 한편, 유럽 전체 지역으로 혁명정신을 확산시켰다.

프랑스혁명은 구체제라는 모순의 극복을 통해 자유와 평등이라는 권리를 확보하기 위한, 전 국민의 저항이었다고 요약할 수 있다. 이 혁명으로 인해 정치적으로는 절대왕정을 대신해 시민 계급이 권력을 장악했고, 경제적으로는 면세 혜택 등 귀족들의 모든 특권이 철폐되었으며 사회적으로는 신분적인 불평등이 타파되었다.

이 과정을 통해 짐작할 수 있듯, 프랑스의 계몽주의는 매우 급진적인 성격을 띠고 있었다. 무신론과 유물론이 번져나갔으며, 점진적인 개선보다는 급진적인 혁명을 부르짖었고, 기독교를 개선하기보다 아예 제거해버리려는 태도로 나타났다. 물론 이 모든 과정에는 '이성과 자유와 진보를 위하여'라는 표어가 내걸려 있었다.

몽테스키외의 삼권분립

몽테스키외는 삼권분립(三權分立)으로 유명하다. 그는 국민의 정치적 자유를 보장하기 위해서는 권력이 나뉘어야 한다고 주장했다. 물론 삼권분립의 이론은 그 자신이 스스로 창안한 것이라기보다 영국 로크의 국가이론을 새롭게 고친 것이다.

로크는 한 나라의 행정권과 입법권을 엄격하게 분립해야 한다고 요구했다. 그는 "행정권의 수반인 국왕은 법 위에 있는 것이 아니며, 어디까지나 국회의 의결을 거친 법의 구속을 받아야한다"고 말했다. 그래서 개인의 자유와 재산에 대해 왕이 마음대로 침해하지 못하도록 법적인 보호를 만들어야 한다고 주장했다.

그리고 몽테스키외는 여기에 다시 제3의 권력인 사법권을 추가했다. 행정부, 입법부, 사법부가 서로 독립하는 가운데 견제가 이루어지도록 해야 한다는 주장이었다. 그는 삼권분립 제도가 확립되지 않는다면 어느 나라에서나 반드시 독재가 일어날 것이며, 자유가 말살될 것이라고 경고했다.

볼테르 – 타락한 기독교를 공격하다

볼테르가 주로 공격한 대상은 교회였으며, 특별히 역사상에 나타난 타락한 기독교를 공격했다. 물론 그가 무신론자였던 것은 아니다. 그는 역사상의 종교들을 공격하면서도 이성종교의 필요성을 확신하고 있었다. 그가 개탄해마지 않았던 것은 예수의 이름을 빙자해 벌어지고 있는 갖가지 불법이었다. 볼테르는 당시 교회의 성직자들과 싸웠을 뿐 아니라 교회에 무조건 복종하는 권력자들과도 끊임없이 다퉜다. 볼테르는 그의 여러 풍자적인 시 구절 때문에 당시의 통치자와 충돌을 빚었고, 바스티유 감옥에 투옥되었다가 석방되기도 했다.

그러다 또다시 불상사에 말려들어 다시 바스티유에 투옥되었는데, 석방 조건에 따라 어쩔 수 없이 영국으로 떠나야 했다. 볼테르는 영국 체류생활을 통해 개인적 권리의 불가침성에 대한 깊은 감명을 받았다. 무엇이건 서슴없이 표현할 수 있었던 영국 학자들의 정신적 자유는 볼테르의 눈에 정치적 자유 못지않게 소중한 것으로 비쳐졌다. 영국인이 누리는 자유와 조국 프랑스의 지배체제를 신랄하게 비교한 그의 저서 『영국인에 관한 서한』은 고국의 동포들로 하여금 혁명의 불길을 당기는 도화선과 같았다.

혁명에 정신적 기반을 제공한 그가 1778년 83세의 나이로 파리로 귀환할 때의 광경은 개선장군의 행차 못지않았다. 그러나 교회와의 갈등으로 에너지를 많이 소모한 볼테르는 정치적인 면에서 다소 소극적인 입장을 취했으니, 뒤이어 일어난 프랑스혁명은 그가 바라던 바가 아니었을 것이다. 볼테르는 프랑스혁명 바로 직전에 숨을 거두었다. 그리고 그의 무덤에는 '인간의 정신에 강한 자극을 주고, 우리들을 위해 자유를 준비했다' 고 기록되어 있다.

루소

젊은 시절 방황의 세월을 보낸 루소(J. J. Rousseau)가 갑자기 저명한 문필가의 대열에 올라선 것은 프랑스 디종(Dijon) 시의 학술원이 현상논문을 내걸었을 때였다. 그가 응모한 논문 「학문

예술론」이 당선된 것이다. 여기에서 그는 '예술과 학문이 인간의 행복을 증진시켰다'는 데 동의하지 않는다. 나아가 사회적 불의가 판을 쳤기 때문에 법률지식이 필요하게 되었고, 덕이 땅에 떨어졌기 때문에 도덕과 철학이 필요해진 것이라고 주장한다. 그래서 루소는 "하나님이여! 우리로 하여금 지혜에서 벗어나게 해주소서. 우리의 행복을 증진시킬 가난한 상태로 되돌아가게 해주소서!"라고 외치고 있다. '자연으로 돌아가라!'는 말은 바로 여기에서 비롯된다.

루소의 또 다른 현상논문은 「인간 불평등 기원론」이다. 여기에서 그는 사유재산제도의 발생이 인간의 불평등을 심화시켰다고 주장한다. 애초 자연 상태에서는 약자가 생길 여지가 전혀 없어 그야말로 꾸밈없는 덕이 지배했다. 그러나 그 아름다운 상태가 끝나게 된 것은 바로 사유재산제도의 발생 때문이다. 애초에 누군가가 맘대로 울타리를 쳐놓고 자기의 것이라고 주장했을 때, 사람들이 나서서 이 부당한 처사를 막았더라면 주인과 노예가 생겨나지도, 부자와 가난한 자가 갈라지지도 않았을 것이다.

여기에서 재산을 모은 부르주아지는 다시 한 번 사람들을 속였는데, 이번에는 '법'을 통해 서로의 이익을 도모하자는 구실이었다. 이때에도 미련하고 순진한 사람들이 비판의식 없이 동의해버림으로써 국가와 법률이 생겨났고, 약자에 대한 새로운 올가미가 씌워진 것이다. 물론 부자들은 자기들 맘대로 법적인 지배권을 요리함으로써 인간불평등을 영원히 지속시키기에 이른 것이다.

인간불평등의 첫 번째 원인은 사유재산이었고, 제2의 화근은 주인과 노예의 발생이었으며, 제3의 화근은 주인과 노예를 제도적으로 대립시켜 놓은 권력의 자의성(恣意性)이었다. 이렇게 인간사회에는 불평등이 깊숙이 스며들었다. 어린이가 어른에게 명령을 내리고, 미련한 자가 현명한 자를 다스리며, 대중은 비참하게 살아가는데 한 줌도 되지 않는 부자들은 지나친 풍요를 누리게 되었다. 그럼 어떻게 해야 할까?

이에 대해 루소는 구성원들 전체의 합의, 즉 시민의 자유로운 동의를 이루어냄으로써 국가의 정당한 지배를 가능케 할 수 있다고 말한다. 여기에서 말한 합의가 바로 사회계약이다. 구성원들의 의사를 확인하는 방법 가운데 투표가 있다. 투표를 통해 다수의 의견이 채택되고, 소수의 의견은 채택되지 못한다. 우리는 표수를 계산함으로써 국민의 일반의사를 확인할 수 있다. 만일 나의 의사와 반대되는 견해가 우세한 것으로 나타나면 내가 그동안 착각했다는 것, 즉 내가 일반의사로 간주했던 것이 실은 일반의사가 아니었다는 사실을 입증하는 것이 된다. 이렇게 보면, 루소는 오늘날의 민주주의에 대해 매우 이해가 깊었던 것으로 보인다.

프랑스의 계몽주의는 이성과 자유, 진보로 요약할 수 있다. 찬란한 미래를 향해 자유로운 정신으로 끊임없이 전진해나가는 것, 그것이 프랑스 지성인들의 꿈이었다.

영국의 계몽주의

영국 계몽주의의 특징은 이신론(理神論)과 자유주의다. 이신론이란 신을 최초의 궁극적 원인으로 인정하면서도, 현재의 세계 운행에 대해서는 신의 개입을 인정하지 않는 입장을 말한다. 여기에서는 신을 그저 기계적인 것이라고만 생각한다. 이러한 신에게는 기적이나 계시처럼 초자연적인 것을 행할 자유가 없다. 오직 자연적인 것만 허용될 뿐이다. 그러므로 진정한 종교는 이성 안에만 있다. 기독교가 말하는 초자연적인 것들도 실은 상징적으로 이해되어야 하며, 성경이란 우리에게 이성종교를 한 번 더 알려주는 것일 뿐이다.

영국 계몽주의의 두 번째 특징은 자유주의다. 한 사람 한 사람의 양보할 수 없는 자연권을 보장하고 국가 권력을 분립하라는 로크의 요구 및 개성의 자유로운 발달에 관한 교육사상은 영국에서 개인주의적인 자유주의가 싹트는 데 결정적인 역할을 했다. 그의 계몽주의적 자유사상과 인권설은 유럽과 미국은 물론 현대 거의 모든 헌법, 특히 기본법의 뿌리가 되고 있다.

독일의 계몽주의

프랑스의 세련미나 열정에 비해 독일의 계몽주의는 냉철하고 교훈적이며, 때로는 권태롭기까지 하다. 먼저 독일의 라이프니츠는 무신론자라는 비난을 받았는데, 그의 합리적 형이상학 때문이었다. 볼프의 철학은 라이프니츠의 사상을 그대로 체계화해 다른 영역에 적용시킨 것이다. 특히 그는 언제나 독일어를 사용했는데, 이때부터 독일의 모든 학문에서 모국어가 활발히 사용되었다. 또 그는 오늘날 사용되는 대부분의 철학 용어를 창시한 인물이기도 하다.

당시 독일 계몽주의를 이끌어나간 선도적 인물 가운데 하나는 프리드리히 2세였다. 그는 1740년 교서에서 "모든 사람에게 종교적 관용이 베풀어져야 하며, 여기서 국가는 어느 한 편이 상대방에게 해를 끼치지 않는가에 대해 감시만 하면 된다"고 말하고 있다. 나아가 자신의 위치에 대해 "군주는 국가의 제1의 종입니다"라는 말로 대신하고 있다. 이 말은 "짐이 곧 국가다"라고 한 프랑스 루이 14세의 말과 비교되기도 하는데, 칸트 역시 프리드리히 대왕의 집권 기간에는 학문의 자유를 맘껏 누릴 수 있었다.

또 한 명의 독일 계몽주의자로 함부르크 대학의 라이마루스 교수를 들 수 있다. 그는 기적과 계시를 하나님에게는 알맞지 않은 어떤 것으로 보았다. 하나님은 이성적으로 꿰뚫어 볼 수 있는 세계질서를 통해 스스로의 목적을 달성하고 있기 때문이라는 것이다. 이러한 주장들을 통해 기계론적인 가치관이 확립되었고, 종교란 어디까지나 이성적인 것이어야 한다는 주장이 제기되었다. 이처럼 계몽주의의 대명사는 인간과 그의 이성에 대한 존중, 진보와 과학에 대한 믿음, 자유와 평등 같은 개념들이었다.

그렇다면 이러한 계몽주의가 현실적 영역에서는 어떻게 적용되었을까? 원래 영국의 크롬웰, 프랑스의 콜베르, 프로이센(독일)의 프리드리히 등 절대주의 시대의 지도자들은 중상주의 경제정책을 채택해 국내 산업에 여러 가지 보호정책을 실시했다. 그러나 이러한 국가 주도의 보호정책은 국민들의 자유로운 경제정책을 가로막아 오히려 산업발전에 장애물로 작용했다.

이에 새로운 중농주의 정책이 등장했는데, 중농주의자들은 한 나라의 부의 원천은 금이나 화폐가 아니라 농업에 있다고 주장했다. 또 계몽주의의 자연법사상을 정책에 적용해 '국가의 간섭이 자연 질서에 어긋난다'고 비판하며 자유방임 정책을 주장했다. 이것이 영국 애덤 스미스에 의해 체계화되었다. 그는 『국부론』에서 정부는 개인의 자유로운 경제활동을 보장하고, 간섭을 최소한으로 해야 한다고 주장했다. 즉, 국가는 국민의 재산을 보호하고 치안을 유지하는 데만 집중하고, 국민들이 각자 자신의 이익을 추구하도록 내버려두면 된다. 그러면 '보이지 않는 손'이 저절로 작용해 사회 전체의 복지가 증진되고, 국가 경제의 발전 또한 잘 이루어진다고 역설한 것이다. 이러한 그의 이론은 고전 경제학의 기초가 되었고, 자유주의 이념의 확산에도 큰 도움을 주었다.

정신인가 물질인가, 관념론과 유물론

이 세계를 존재하게 하고 운행해 나가는 원리는 따로 있는 걸까? 만일 있다면, 그것은 정신일까 물질일까? 관념론자들은 정신, 의식, 이성, 사고 등이 이 세계의 가장 중요한 근본요소일 뿐 아니라 모든 것들을 이끌어간다고 주장한다. 반면 유물론자들은 정신마저도 물질의 산물이며, 모든 것은 물질적 작용에 의해 결정된다고 말한다. 과연 어느 쪽이 옳을까? 관념론과 유물론에 대해 살펴보기로 하자.

독일 관념론

데카르트가 이 세계를 정신과 물질로 나눈 이후, 이 두 가지를 어떻게 조화시킬 것인가에 대해 오랫동안 고민했던 철학자들이 바로 독일 관념론자들이다. 다시 말하면, 정신(사고) 편에 섰던 사상가들이 그 맞은편에 있는 물질적인 것들을 어떻게 바라보느냐의 문제다. 과연 그들은 자아와 자연, 의식과 대상, 주관과 객관 사이의 대립을 어떻게 극복하고 있는가?

피히테

프러시아가 나폴레옹 군대 앞에 항복한 뒤, 국왕과 함께 쾨니히스베르크에 갔던 피히테(J. G. Fichte)는 코펜하겐을 거쳐 1807년, 프랑스군에 점령당한 베를린으로 되돌아왔다. 그리고 이듬해 겨울, 저 유명한 '독일국민에게 고함'이라는 연설이 행해졌다. 칸트와 마찬가지로 프랑스혁명에 한없이 환호했던 피히테는 스스로 왕관을 쓴 나폴레옹이 혁명을 통한 정치적 성과를 짓밟으며 유럽 전체를 정복하려 들자, 그를 '모든 악의 화신'으로 간주했다. 그리고 프랑스에 대한 해방전쟁이 시작되자 제자들을 군에 입대시켰고, 그 자신도 정훈장교로 종군하려 했다. 그러나 왕의 만류로 뜻을 이루지는 못했다. 그리고 아내가 야전병원에서 얻은 발진티푸스에 자신 또한 감염되어 52세를 일기로 생을 마감하고 말았다.

우리는 사물 그 존재 자체를 인정하는 독단론과 오직 인간의 의식내용만을 인정하는 관념론 가운데 어느 쪽을 선택해야 하는가? 여기에서 피히테는 관념론의 편에 선다. 그는 우리 주관이 외부의 질료 대상까지 정립, 산출하고야 만다고 주장한다. 말하자면, 우리 주관에 의해 외부 사물이 비로소 존재하게 된다는 뜻이다. 이처럼 주관을 모든 것의 중심으로 만들어버리는 피히테의 철학을 우리는 '주관적 관념론'이라고 부른다.

셸링

독일 레온베르크에서 태어난 셸링(F.W. Schelling)은 이미 열다섯 살에 튀빙겐 대학 기숙사에 들어갔고, 여기서 같은 고향 출신의 헤겔, 휠더린과 사귀었다. 피히테의 『지식학 원리』가 발표되자, 스무 살밖에 안된 셸링은 그 근본사상을 피히테 자신보다도 더욱 날카롭게 분석해 발표했다. 그리고 그에게 관심을 기울인 괴테의 추천으로 23세의 나이에 예나 대학의 부교수로 초빙되었다.

1841년 독일의 국왕 프리드리히 빌헬름 4세는 이미 노년에 접어든 셸링을 베를린으로 초빙했다. 셸링은 잠깐 동안 강의 활동을 하다 공직에서 물러났으며, 1854년 휴양지에서 세상을 떠났다. 이 무렵, 19세기는 이미 엄밀한 자연과학의 시대로 접어들었고, 낭만주의 정신은 냉철한 사고에게 길을 양보하고 있었다.

셸링은 피히테의 관념론이 주관 쪽에 치우쳐 있다고 보고, 주관(자아, 정신)과 객관(자연, 물질) 양쪽을 다 아우르려 했다. 나아가 그는 자연을 자아보다 더 풍성한 어떤 것, 자아 이전에 이미 주어져 있는 어떤 것으로 본다. 셸링의 철학은 객관적 관념론인 셈이다.

그에 의하면, 자연은 살아있는 유기체다. 심지어 죽어 있는 무기물(물, 공기 등)도 살아있는 것으로 볼 수 있다. 운동이 비록 억제당하고 있긴 하나, 그 안에는 생명으로 나아가려는 충동이 항상 들어있기 때문이다. 자연은 정신이기도 하다. 우리는 자연에서 생겨난 인간에게서 실제로 정신이 있음을 보고 있는 바, 가령 죽은 것처럼 보이는 자연이란 아직 성숙하지 못한 지성일 뿐이다.

나아가 그는 자연과 정신, 객관과 주관이 실제로 똑같다는 '동일철학(同一哲學)'에 이르렀다. 자연은 눈에 보이는 정신이요, 정신은 눈에 보이지 않는 자연이다. 그러므로 이것들은 본질적으로 하나다. 피히테의 주관적 관념론에 이어 나타난 셸링의 객관적 관념론은 자연이 스스로 독립해 존재한다는 사실을 주장했고, 다시 그 자연을 정신과 동일한 것으로 말했다.

그러나 이 모든 것들은 서로 구별이 있음에도 불구하고, 언제나 하나다. 셸링은 이 하나를 '절대자' 또는 '신적인 것'이라고 부른다. 이 신적인 일자(一者)는 모든 것들에게서 동일하다. 신은 여러 가지 대립되는 것들을 조금도 차별하지 않는다. 그럼 어떻게 해서 이 '하나'로부터 많은 것들이 생겨날까?

이를 이해하기 위해서는 먼저 '절대자란 자기 자신을 관조하는 정신'임을 알아야 한다. 절대자란 실체로서는 언제나 하나이지만, 현상으로 나타날 때는 주관과 객관으로, 다시 말해 정신과 자연으로 나누어진다. 절대자가 자기 스스로를 관조(觀照)하는 데서 만물이 생겨난다. 그리고 신이 밖으로 드러난 것이 이른바 세계다.

그러나 보다 더 정확히 말하면, 세계는 그 스스로가 신적인 것이다. 이 세계가 이미 신의 모습을 나타내고 있다는 말이다. 세계 속에 신이 깃들어 있고, 신의 속성 가운데 이미 세계의 모습이 들어 있다. 바로 이 점에서 셸링의 철학은 '범신론(汎神論)'이라 일컬어진다.

헤겔

독일 슈투트가르트에서 세무서 관리의 장남으로 태어난 헤겔은 신학교에 진학했다가 그곳에서 시인 횔더린과 천재소년 셸링을 만난다. 그 후 가정교사 생활을 거쳐 예나 대학의 시간강사로 초빙되었다. 여기에는 이미 교수가 된 셸링의 도움이 크게 작용했다. 1806년의 전투로 프러시아가 패망했을 때, 헤겔은 이미 완성한 『정신현상학』이라는 유명한 저서의 원고를 몸에 간직하고 다녔다. 그는 숙소 2층에서 예나에 입성하는 나폴레옹을 직접 눈으로 보았는데, 이에 대해 "나는 말을 탄 세계정신을 보았노라"고 고백한 바 있다.

1818년 헤겔은 피히테의 후임으로 베를린 대학의 교수로 취임했고, 1831년 콜레라로 죽기 전까지 이곳에서 13년 동안 재직하며 전성기를 구가했다. 헤겔은 '프러시아의 국가 철학자'로 공인되다시피 해 독일철학의 태두로 군림했으며, 헤겔학파는 거대한 세력을 형성하게 되었다. 그는 지금 베를린에 있는 피히테의 묘 옆에 잠들어 있다.

헤겔은 피히테의 주관적 관념론과 셸링의 객관적 관념론을 종합한 자신의 철학을 '절대적 관념론'으로 규정했다. 헤겔은 인간의 사고가 세계정신 자체의 사고라고 주장한다. 이렇게 보면, 사물들은 한 개인의 주관적인 정신에 의해서가 아니라 객관적인 '세계정신'에 의해 존재하는 것이 된다. 관념론이 주관성을 벗어나 객관성을 띠는 것이다.

그는 변증법을 이야기하면서 우리의 모든 인식은 물론 사물(존재)까지도 3단계를 거친다고 주장한다. 직접적인 긍정으로서의 정립(定立) 단계와 부정으로서의 반정립(反定立) 단계, 그리고 종합의 단계가 그것이다. 여기에서 두 가지 대립하는 것들을 지양(止揚)함으로써 보다 높은 차원의 통일로 발전해 가는데, 이런 과정은 정신이 세계 전체를 구체적으로 인식할 때까지(또는 존재가 그 목적을 달성할 때까지) 계속된다.

그리고 이러한 변증법적 3단계는 철학에도 적용된다. 첫 단계는 논리학이고, 둘째 단계는 자연철학이며, 마지막 단계는 정신철학이다. 각 철학에는 세 단계가 있는데, 주관적인 정신과 객관적인 정신, 절대적인 정신이 그것이다. 그리고 이 절대적인 정신은 예술, 종교, 철학에 주어져 있다. 그러므로 절대정신이 나타나는 최고의 형태는 철학이라고 말할 수 있다.

헤겔은 역사의 본질을 꿰뚫어보는 날카로운 눈과 놀랄 만큼 풍부한 역사적 지식을 가지고 있었다. 역사란 과연 무엇인가? 그것은 객관적 정신이 스스로를 전개해가는 과정이다. 세계의 역사는 세계정신이 자기를 전개해가는 과정이며, 한 민족의 역사는 민족정신이 자기를 전개해가는 과정이다.

그렇다면 세계정신이 목적으로 삼는 바는 무엇일까? 그것은 자유의식의 진보다. 세계정신은 자유의식을 발전시키기 위해 쉼 없이 달려가는데, 이러한 목적을 달성하기 위해 개인 한 사람 한 사람을 도구로 사용한다. 그러므로 우리 인간은 세계정신에 의해 이용당하고 있는 꼭두각시에 불과하다. 교활한 절대이성의 교지(狡智)에 의해 각 개인은 자신의 모든 정열을 바쳐 그것이 추구하는 역사의 필연과정에 들러리를 서는 셈이다.

헤겔은 프러시아 독일이야말로 세계사적 이성을 실현한 최고의 국가형태이며, 자신의 철학이 역사를 통틀어 모든 철학의 최고봉이라고 자부했다. 당시 헤겔학파는 슈트라우스의 『예수의 생애』출판을 기점으로 좌파와 우파로 나뉜다. 좌파에는 실증주의자와 유물론자들이, 우파에는 역사학파와 낭만파가 속해 있었다. 좌파가 진보적이고 급진적인 성향을 보였다면, 우파는 정치와 종교의 기존 질서에 정당성을 부여함으로써 보수적 성향을 보였다. 그리고 헤겔철학에 대한 비판으로부터 현대의 세 가지 중요한 철학이 나오게 된다. 마르크스주의와 실존주의, 실용주의가 그것이다.

정신을 주제(또는 주체)로 해 거대한 철학(관념론)이 세워졌다는 것은 어떤 면에서 놀랄만한 일이다. 어떻게 아무 형체도 없이 순수하게 정신적인 것만으로 이 세계를 추동해나간다는 것일까? 바로 이 점에 반격을 개시한 사람들이 유물론자들이다.

유물론

유물론(唯物論, materialism)이란 궁극적인 근본실재를 물질로 보고, 정신적인 것마저도 모두 물질로 환원할 수 있다고 하는 입장을 말한다. 말하자면 인간의 의식과 사고 역시 고도로 조직된 물질의 기능이며, 우리의 육체를 떠난 정신이란 존재하지 않는다는 것이다.

유물론은 기계론적 유물론과 변증법적 유물론으로 구분된다. 기계론적 유물론은 분자나 원자, 원소와 같은 불변의 물질을 인정하고, 그것의 기계적 또는 역학적 운동에 의해 모든 현상을 설명하려는 입장이다. 이에 대해 변증법적 유물론은 고정불변의 물질적 실재를 인정하지 않고, 이 세계를 물질의 변증법적 변화 및 발전의 과정으로 이해한다. 세계란 인간의 사회적 실천까지를 포함해 서로 관련된 물질운동의 통일체라는 것이다.

포이에르바하

어린 시절 모범생이었던 포이에르바하(L. Feuerbach)는 대학에 들어가 신학을 공부했으나 실망해 철학으로 전공을 바꾼다. 그는 『기독교의 본질』이라는 저서를 통해 유명해지기도 했지만, 말년에는 발작을 일으켜 식물인간이 되었고, 쓸쓸히 세상을 떠났다.

포이에르바하는 헤겔을 극단적인 관념론자라고 선언했다. 실제로는 모든 존재들이 감각을 통해 이해되고 있음에도 불구하고, 헤겔에 의해 감각이 무시당해왔다는 것이다. 그에 의하면, 정신이 삶의 방식 전체에 영향을 미치기는 하지만, 한쪽(정신)만 보고 다른 쪽(물질, 육체)을 보지 못하면 안 된다. 다시 말해 정신이 육체를 의식적으로 규정하는 방향이란 이미 무의식적으로 육체에 의해 규정되고 있는 바로 그 방향이다. 독일의 자연과학자인 포크트(W. Vogt)의 "인간은 그가 먹는 대로 된다"는 말처럼, 먹는 음식물은 피가 되고 심장, 두뇌 그리고 정신기능이 되어 사람의 생각과 행동을 결정한다.

포이에르바하에 의하면, 종교도 행복을 추구하는 인간의 본능에서 발생했다. 인간이 신을 믿는 이유는 행복해지고자 하는 본능 때문이다. 인간은 스스로 그렇게 될 수 없으면서도 그렇게 되기를 바라는 상태, 예컨대 전지전능하고 영원한 행복의 상태를 신을 통해 실현코자 한다. 그러므로 신이란 현실적인 존재로 탈바꿈한 인간의 소망에 불과하다. 이렇게 보면 신이 인간을 창조한 것이 아니고, 인간이 신을 창조한 셈이 된다.

그러므로 이제 우리는 종교를 통해 소망을 충족시키려는 유치한 꿈에서 깨어나야 한다. 이제 종교의 환상 속에서가 아니라 현실의 행동 가운데서 인간의 소망을 실현시켜야 한다. 이것이야말로 난폭한 자연의 위력이나 맹목적인 우연의 힘으로부터 해방되어 자유롭고 행복한 삶을 누리는 길이다. 이제 문제는 신이 존재하느냐 않느냐가 아니라 인간이 존재하느냐 않느냐이다. 철학은 유신론을 버리고, 인간학의 입장에 서지 않으면 안된다. 즉, 진정한 철학은 인간학이어야 한다.

그리고 그 인간학이란 추상적인 관념론의 입장에서가 아니라 구체적인 유물론의 입장에서여야 한다. 다시 말해, 신체를 지니고 자연 가운데서 존재하며 행동하는 인간, 인간이 감성적 주체로서 파악되는 자연주의적 휴머니즘의 입장이어야 한다는 것이다. 바로 이것이 포이에르바하가 말하는 인간학적 유물론이다.

마르크스

마르크스(K. Marx)는 스스로 '헤겔의 충실한 제자'로 공언하고 다닐 만큼 헤겔철학의 핵심, 특히 변증법적 사상을 잘 보존하고 있다. 그러나 헤겔의 관념론적 경향에는 반대해 '거꾸로 물구나무 선' 헤겔의 관념론을 유물론적 바탕 위에 바로 세우려 했다.

독일 트리어에서 변호사의 아들로 태어난 마르크스는 스물세 살에 철학박사 학위를 받고, 교수가 되려고 했다. 그러나 여의치 않자 자유기고가로 활동했고, 이후 파리를 거쳐 벨기에 브뤼셀로 향한다. 그리고 그곳에서 17명의 회원으로 세계 공산당을 창당한다.『자본론』을 집필하기 시작해 제1권을 출판했으며, 제2권과 제3권은 그의 사망 후 충실한 벗 엥겔스에 의해 출판됐다.

마르크스 철학에는 세 가지 이론적 원천이 있다. 철학적으로는 헤겔의 변증법적 사상과 포이에르바하의 유물론에 바탕을 둔 변증법적 유물론이며, 경제학적으로는 애덤 스미스로부터

리카도에 이르는 영국 고전경제학에서 노동가치설[29]과 잉여가치설[30] 사상을 배웠다. 정치학적으로는 생시몽과 푸리에와 같은 프랑스의 공상적 사회주의자들로부터 자본주의의 모순과 함께 무계급 사회라는 이상을 받아들였다.

마르크스에 의하면, 인류 역사는 생산력과 생산관계를 중심으로 한 변증법적 상호작용에 의해 결정되어 왔다. 가령 원시 공동사회로부터 고대 노예경제, 중세 봉건사회, 근세 자본주의 사회로의 이행은 모두 생산력(원료나 도구, 기계, 노동자의 숙련도, 노동경험 등)의 변화에 따른 필연적인 생산관계(생산 활동에서 나타나는 인간 상호간의 관계)를 변화시켜 왔다. 그러므로 사회주의 사회를 거쳐 공산주의 사회가 도래한다는 것은 틀림없는 사실이다. 다만 그 시기를 앞당기기 위해 프롤레타리아 계급의 혁명이 필요할 뿐이다.

마르크스주의자들은 인간을 물질적 존재로 본다. 단세포의 아메바에서 인간이 되기까지 모든 발전단계는 물질적 과정에 의해 이루어진 것이고, 결코 창조에 의한 것이 아니라는 것이다. 정신이라는 것도 인간의 의식 속에 물질이 반영된 것에 불과하다. 따라서 인간과 동물의 근본적인 차이는 이성이나 인격이 아니라 노동에 있다. 원숭이가 노동도구를 사용하면서 언어가 발달했고, 언어에 의해 비로소 이성이 발달했다. 나아가 인간의 노동력이 인간 서로간의 유기적 관계를 맺어줌으로써 사회를 형성했으며, 이 사회를 유지하기 위해 도덕과 규범, 법률과 종교가 형성됐다. 이러한 과정을 통해 비로소 인격이 형성된 것이다.

여기에서 다시 원론적 물음으로 거슬러 가보자. 과연 이 세계와 자연, 역사, 인간을 절대적으로 규정하는 것은 무엇일까? 정신(영혼)인가 물질(육체)인가? 혹은 둘 다인가? 아니면 제3의 어떤 것인가?

제4부
현대철학

이성인가 비이성인가, 비합리주의

비물질적인 것에 정신(이성)만 있는 것은 아니다. 비이성적인 것들, 가령 의지라든가 무의식, 리비도(Libido), 삶 그 자체 등도 비물질적인 것들이다. 이 장에서는 바로 그 부분에 주목하고자 한다. 헤겔철학은 이성을 중시하는 합리주의적 철학이다. 그런데 이에 반해 이성 이외의 것을 강조하는 경향이 등장한다. 이러한 비합리주의적 철학에서는 세계와 인간을 지배하는 것은 정신이나 이성이 아니고, 의지나 무의식 또는 삶 그 자체라고 주장한다.

쇼펜하우어(A. Schopenhauer)는 인간이나 세계가 맹목적 의지의 충동을 받고 있다고 주장했고, 니체(F. Nietzsche)는 이 세계는 권력에의 의지 외에 아무 것도 아니라고 했다. 프로이드는 우리가 통제할 수 없는 무의식이 우리의 행동과 정서를 규정한다고 자신 있게 말했는가 하면, 키르케고르는 헤겔이 말하는 대립의 해소란 추상적인 관념의 세계에서나 가능할 뿐, 구체적인 삶 속에서는 오직 '이것이냐 저것이냐'의 냉혹한 결단만이 요구된다고 주장했다.

쇼펜하우어의 맹목적 의지

쇼펜하우어는 독일 단치히에서 한 부자 상인의 아들로 태어났다. 그러나 자살로 여겨지는 아버지의 죽음 이후 그는 어머니를 상대로 법적인 소송을 걸었고, 유산의 3분의 1을 받아냄으로써 평생 풍족하게 살 수 있었다. 1819년 주저인 『의지와 표상으로서의 세계』를 출간했고, 1820년 베를린 대학의 전임강사가 되었다. 그러나 그 유명한 헤겔의 강의시간대에 자신의 강의를 열어놓았다가 청강생이 헤겔 쪽으로 몰리는 바람에 한 학기 만에 대학교 강의를 포기하고 말았다.

1831년 헤겔이 콜레라로 죽고, 1848년의 시민혁명이 실패로 돌아간 다음, 낙관론적 헤겔 철학이 서서히 빛을 잃음과 동시에 염세주의적인 쇼펜하우어의 철학이 각광을 받기 시작했다. 그러나 그렇게도 바라마지 않던 명성이 그를 감싸기 시작했을 때, 그는 죽음의 문턱을 넘고 있었다. 그는 심장마비로 죽었고, 그의 모든 재산은 유언에 따라 자선단체에 기증되었다.

쇼펜하우어에 의하면, 우리 인간은 세계를 '인식'만 하는 것이 아니고 '체험'하기도 한다. 인간의 본질은 사유나 이성에 있는 것이 아니고 의지에 있다. 좁은 뜻의 의지뿐만 아니라 모든 소망, 욕구, 동경, 희망, 사랑, 미움, 반항, 도피, 괴로움, 인식, 사고, 표상 등 우리들의 삶 전체가 체험이요, 의지다. 우리의 판단은 논리적 사유행위에 의해서가 아니라 의식되지 않은 심층부에서 순간적인 착상이나 결단의 형식으로 나타난다. 우리의 몸은 시공간 속에 드러난 의지일 뿐이다. 가령 걸어가려는 의지는 발로 나타나고, 붙들려는 의지는 손으로, 소화를 시키려는 의지는 위장으로, 생각하려는 의지는 뇌로 나타난다.

이 의지란, 마치 앞을 볼 수는 있으나 몸이 불구인 사람을 어깨에 짊어지고 가는 힘센 맹인과 같다. 인간행동의 실질적인 추진력은 의지이고, 이성은 단지 그 방향을 제시해줄 뿐이다. 인간은 무의식적인 삶의 의지로부터 끊임없이 충동을 받고 있다. 우리의 모든 의식기능은 쉽게 피곤해지기 마련이어서 휴식과 잠이 필요하다. 그러나 무의식적 의지는 휴식 없이도 왕성한 활동을 계속한다. 마치 심장이나 호흡운동처럼 지칠 줄을 모른다.

모든 생명체는 자기보존의 욕구와 종족보존의 욕구를 동시에 가지고 있다. 그래서 일단 자기보존의 방법을 찾고 나면 즉

시 종족보존을 추구하는데, 생물계에서 가장 강렬한 의지의 표현은 생식 본능이다. 인간은 인식이 이루어지는 뇌보다 성적 충동이 발산되는 생식기로부터 더 강한 충동을 받는다. 쇼펜하우어에 의하면, 의지는 모든 자연현상의 밑바탕에 깔려 있으며, 우주의 중력으로부터 인간의 자기의식에 이르기까지 이 세계의 가장 본질적인 내면을 이루고 있다. 자연의 힘과 중력, 구심력과 원심력, 극성(極性), 자기(磁氣), 화학적인 친화성, 식물들의 성장, 식물들이 빛을 향해 뻗어 나가는 것, 생물들의 자기 보존 충동과 본성 등 모든 것들이 의지의 작용이다.

사랑 역시 종족보존이라는 자연의 유일한 목적을 달성하기 위한 하나의 속임수다. 인간은 언제나 종의 유형에서 벗어난 개인의 결함을 바로잡기 위해 자신에게 결핍된 것을 가진 이성을 배우자로 선택한다. 자연은 남자의 남성다움과 여자의 여성다움이 잘 조화될 때, 그 목적을 원만하게 달성할 수 있도록 되어 있다. 그러므로 가장 남성적인 남자는 가장 여성적인 여자를 찾게 마련이며, 반대의 경우도 마찬가지다.

정욕은 원래 종(種)을 위해 가치 있는 것임에도 불구하고, 개인을 위해 가치 있는 듯이 보이게 하는 일종의 망상이다. 저돌적인 정욕도 일단 종의 목적이 실현되고 나면 즉시 사라진다. 여성의 아름다움은 가임기(可姙期)에 절정에 달하고, 생식활동이 끝나면 곧 시들해진다. 결국 인간은 자신이 종의 의지에 속았다는 사실을 나중에야 알아차리는데, 육체적 욕정이 충족되었을 때 냉정하게 돌아서는 남성은 인간이 결국 종의 도구임을 증명하고 있다.

인간의 의지는 무한한 데 비해, 그 충족에는 많은 제약이 따르게 마련이다. 그리고 어떤 욕망이든지 채워지고 나면 즉시 새로운 욕망이 일어나고, 어떤 고통도 그것을 벗어났다 싶으면 곧 새로운 불행이 찾아든다. 우리가 삶에 대한 의지를 가지고 있는 한 인생은 고통이요, 이 세계는 최악의 세계다. 그렇다고 해서 인식이 탈출구가 되는 것도 아니다. 자살 역시 해결책이 되지는 않는다. 왜냐하면 의지의 개체적 현상을 소멸시킬 수는 있을지언정, 의지 자체를 없애지는 못하기 때문이다.

그럼 어떻게 해야 하는가? 여기에서 쇼펜하우어는 윤리적 해탈을 들고 나온다. 그는 의지의 부정을 통한 윤리적인 해탈만이 우리를 영속적인 행복에 다다르게 한다고 말한다. 요약하면, 더 이상 소망할 것이 없는 열반(涅槃)의 경지에서 우리 자신으로서 죽을 것, 세상 것들을 멀리하고 십자가를 질 것 등이다.

이상에서 보듯, 인간의 모든 것을 결정하는 것은 의지, 그 가운데서도 방향도 목표도 알 수 없이 거침없이 달려가는 맹목적 의지다. 누가 인간을 이성적 동물이라 했는가? 누가 인간을 도덕적 존재라 말했는가? 우리는 한갓 맹목적 의지에 휘둘리는 꼭두각시일 뿐이다.

니체의 권력에의 의지

니체 역시 쇼펜하우어와 마찬가지로, 이성철학에 결별을 선언하고 의지의 철학으로 나아갔다. 그러나 쇼펜하우어에게 있어서 의지는 맹목적이므로 우리의 삶은 비극일 수밖에 없었던 데 반해, 니체에 있어서의 의지는 권력(힘)의 의지이므로 우리의 삶은 넘쳐흐르는 충만이 된다.

니체는 독일 작센주 뢰켄에서 교회 목사의 아들로 태어났다. 헌책방에서 쇼펜하우어의 『의지와 표상으로서의 세계』를 사서 읽고, 그는 철학과 결정적인 관계를 맺게 된다. 라이프치히 대학에서 그리스의 고전문화에 매료당하고, 음악가 바그너와 친교를 가졌으며, 스승인 리츨의 추천을 받아 24세에 스위스 바젤 대학의 고전어 교수로 초빙되었다.

그러나 1889년 갑자기 마비 증세를 일으켜 길거리에서 쓰러졌고, 12년 동안 혼수상태에서 헤매다 1900년에 세상을 떠났다. 저서로는 『음악 정신에서의 비극의 탄생』 『인간적인, 너무나 인간적인』 『짜라투스트라』 『선악의 피안』 『도덕의 계보』 『바그너에 반기를 든 니체』 『우상들의 황혼』 『이 사람을 보라』 등이 있다.

니체는 고귀함, 힘셈, 아름다움, 행복 등의 귀족주의적인 선을 악한 것이라고 깎아 내리는 대신 괴로움과 비천함, 겸손과 친절, 선량, 동정, 인내, 따뜻한 마음씨 등을 선이라고 주장하는 노예도덕에 대해 신랄한 비판을 가했다. 이러한 도덕은 허구이며, 열등한 자들이 왜곡한 삶의 해석에 지나지 않는다는 것이다. 그래서 니체는 노예도덕을 물리치고, 강하고 충만한 군주도덕을 부활시켜야 한다고 주장한다.

니체는 왜 이러한 주장을 하고 나선 걸까? 그것은 인간 삶의 궁극적 요소가 '권력의 의지'임을 간파했기 때문이다. 이에 바탕을 두고 그는 새로운 도덕, 즉 삶의 도덕을 정립하고자 한다. 여태까지의 관념론적·기독교적·행복주의적 도덕을 부정하고, 그 자리에 새로운 가치를 세우려 한다. 그에게 있어서 삶이란 권력으로의 의지 외에 아무 것도 아니기 때문이다.

니체는 "신은 죽었다. 이제 우리들이 소망하는 것은 초인(超人)이 살아있는 것이다."라고 말한다. 초인이란 대지(大地)의 의미다. 이 땅에 충실하고, 하늘나라의 희망을 말하는 자들을 믿지 않는 자다. 초인은 신의 죽음을 확신하는 사람이다. 피안(彼岸)의 세계란 환영에 불과하다는 것을 잘 알고 있어 이 땅을 위해, 그리고 삶 자체를 위해 스스로를 바치면서 이에 순응하는 자다.

니체는 기존 가치의 대명사격인 기독교적인 것에 반대했다. 그는 예언자로 등장해 유럽에 허무주의가 나타나 모든 가치와 질서가 무너지리라 예언했다. 또 그는 줄기차게 독일정신을 비판했다. 그는 관념론적인 성격, 불확실하고 축축한 것, 그저 은폐되어 있는 것을 심오하다고 느끼는 그런 종류의 독일인들을 경멸했다.

물론 니체를 악용하는 경우도 종종 있었다. 특히 니체가 죽은 후, 그의 유고가 누이동생 부부에 의해 멋대로 왜곡되어 반유대주의자들과 나치 지지자들에 의해서도 그의 사상이 이용되었음을 확인할 수 있다.

무의식과 리비도 – 프로이드

인간의 행동이 합리적으로만 이루어지는 것이 아니라는 주장은 프로이드의 정신분석학에 의해서도 제기되었다. 오스트리아 모라비아에서 유태계로 태어난 프로이드는 세살 때 빈으로 이사 가서 거의 80년 가까이를 그 도시에서만 살았다. 그는 빈 대학 의학부에서 공부하다가 1885년 파리로 가 히스테리(hysteria)를 연구했다. 그런데 이를 치료하기 위해 카타르시스(catharsis)만으로는 충분하지 못하다고 보고, 자유 연상법[31]을 발견했다. 이것이 바로 정신분석학의 선구가 된다.

프로이드는 『꿈의 해석』을 발표해 유명인사가 되었고, 국제 정신분석학회를 창립했다. 그러나 유태인이라는 이유로 나치 독일에 의해 추방되어 영국으로 망명했으며, 런던에서 사망해 그가 평상시 좋아했던 고대 그리스의 항아리에 담겨져 그곳에 묻혔다.

'무의식(無意識)의 발견'이야말로 프로이드의 커다란 업적이다. 무의식이란 '의식에 영향을 미치기는 하나, 꿈이나 정신분석의 방법에 의하지 않고는 의식화하지 않는 의식'을 말한다. 이 무의식은 실수나 꿈, 강박행위 등으로 나타나는데, 무엇보다 인간의 성 충동과 밀접한 관련을 맺고 있다.

'리비도(Libido)'란 성 충동을 일으키는 에너지로, 모든 인간문화는 억제되고 순화된 리비도의 산물이다. 인간의 기본적인 욕구에는 영양 충동과 성 충동, 권력 충동이 있는데, 프로이드는 이 가운데 특히 성 충동을 중시했다. 그는 이 리비도를 넓게 해석한다. 가령 학문에 대한 맹렬한 욕구도 리비도의 활동을 방향 전환시킨 결과이며, 수도승이 육체적 욕망을 억제함으로써 다른 정신적 성 충동을 만족시키는 경우도 이에 해당된다.

프로이드에 의하면, 인간의 인격은 세 가지 단계로 되어 있다. 첫째, 이드(Id)는 쾌락의 원리에 지배되는 무의식의 영역으로, 성욕과 같은 원시적 욕구를 말한다. 둘째, 자아(Ego)는 밖의 현실을 고려하는 현실원칙에 지배된다. 셋째, 초자아(Super ego)는 부도덕한 욕구로서의 이드를 제압하는, 보다 높은 자아를 말한다. 자아가 조금 더 발전하면 초자아가 생긴다. 이것은 대개 양심과 같은 의미로 받아들일 수 있다.

인간이 어떤 발달단계를 원만하게 거치지 못했을 때, 여러 가지 형태의 불안이 생겨난다. 자아가 불안에 놓이면 승화(昇華), 억압(抑壓), 투사(投射), 전이(轉移), 합리화, 퇴행(退行)과 같은 방어기제를 사용하는데, 이중에서도 히스테리가 대표적이다. 프로이드의 동료였던 브로이어(J. Breuer) 박사는 히스테리를 치료하는 데 최면술을 사용했다. 또 억압된 망각을 의식세계로 이끌어내어 이 심리적 찌꺼기를 씻어내는 과정으로 카타르시스가 있다. 그러나 프로이드는 자유 연상법을 주장했다. 그저 머릿속에 떠오르는 상(像)을 잇따라 말하도록 해야 한다는 것이다.

그 밖의 치료방법으로는 심리극(Psycho-drama)이 있다. 환자가 현재 놓여 있는 사회적 갈등의 상황을 그대로 극의 장면에 집어넣고, 환자나 의사를 포함한 몇 사람에게 각자의 역할을 맡긴다. 이런 극을 통해 환자는 다른 사람들의 입장이나 행동을 이해하게 되며, 자신의 입장을 객관적으로 바라보게 된다. 또 극의 형식을 취함으로써 감정의 표현을 억압당하지 않아 쉽사리 카타르시스가 일어난다. 의사의 입장에서도 환자의 다양한 인격을 살펴봄으로써 치료의 실마리를 잡을 수 있다는 것이다.

프로이드는 이상(異常) 행동의 원인으로 외부적 세계보다는 인간체험의 내적 세계에 주안점을 두었다. 그리고 특히 그것은 개인의 성, 배설기관과 유기적 관련을 맺는다고 보았다.

이론인가 실존인가, 실존주의

  이성철학에 대한 반발은 실존주의로도 나타난다. 머릿속으로만 생각하는 이론이 아니라, 몸으로 부대끼는 삶 자체가 문제라는 뜻이다. 더욱이 인류 모두의 삶이 아니라 '나' 자신의 삶일 때, 그것은 더 진지하고 심각하게 다가온다. 누구에게나 해당되는 객관적 진리가 아니라, 나 자신에게 해당되는 주체적 진리가 문제라는 것이다.

  실존주의는 세계전쟁의 쓰라림을 맛본 서구인들이 개인의 내면으로 눈을 돌린 철학 사조다. 전쟁의 참혹함 속에서 현실적인 모순과 부조리의 깊은 수렁을 본 것이다. 대표적인 철학자로는 키르케고르(S. Kierkegaard)와 야스퍼스(K. Jaspers), 마르셀(G.

Marcel) 등의 유신론적 실존주의자와 하이데거와 사르트르(J. P. Sartre) 등의 무신론적 실존주의자가 있다.

이것이냐 저것이냐 – 키르케고르

키르케고르는 덴마크 코펜하겐에서 부유한 상인의 일곱 번째 자녀로 태어났다. 아버지는 첫 번째 아내가 세상을 떠나자 하녀를 강간해 임신하게 만들었고, 이 두 사람 사이에서 막내로 태어난 키르케고르는 어머니와 다섯 오누이들이 몇 년 사이에 죽고 마는 비극을 겪었다. 그는 아버지마저 세상을 뜬 후 유산을 물려받았으나, 이를 불리기는커녕 제대로 보존하려고도 하지 않았다. 또 자신보다 열 살이나 어린 17세의 올센과 약혼했으나, 일 년 후 파혼해버렸다. 그리고 평생 독신으로 아무 직업도 없이 떠돌이생활을 하다 길에서 졸도해 세상을 떠났는데, 이때 그의 나이 겨우 42세였다.

키르케고르에 있어서는 이론이 아니라 삶 자체가 문제가 된다. 내가 무엇을 인식할 것인가가 아니라, 내가 무엇을 해야 할 것인가가 중요하다. 나에게 있어서의 진리란 내가 그것을 위해 살고 죽을 수 있는 바로 그런 것이다! 키르케고르는 헤겔이 말한 보편성, 객관성보다는 '나'의 일회성과 내면성이 더 심오하다고 믿는다.

사람은 영겁의 불 속에 빠져 발버둥치는 벌레처럼 비참한 존재다. 자살도 소용없다. 인간은 오직 절망을 부둥켜안고, 이를 뚫고 나가야 할 운명에 놓여 있다. '죽음에 이르는 병'의 본질은 살 수도 없고 죽을 수도 없는 인간의 운명에서 유래한다. 인간의 불안과 절망은 오직 하나님을 통한 질적 비약에 의해 극복될 수 있을 뿐이다.

키르케고르는 인간이 발전해가는 단계를 셋으로 보았다. 직접적인 생존의 단계로서의 미적 실존, 인간이 자기실존의 의의를 자각하고 윤리적인 사명에 충실하려고 하는 윤리적 실존, 그리고 자기 자신과의 변증법적인 싸움을 통해 '신 앞에 홀로 선 단독자'로서의 종교적 실존이 그것이다. '영원한 구원이냐, 땅 위의 향락이냐'의 선택은 우리들 자신에게 달려 있다. 하나님 앞에 홀로 선 단독자에게는 오직 '이것이냐, 저것이냐'의 양자택일만이 남아있을 뿐이다.

키르케고르는 당시 세속화한 기독교에 대해 항의했다. 하나님이 예수 그리스도를 통해 인간의 몸을 입고 이 세상에 왔다는 믿음과 밖으로 드러내 보이는 일에만 열중하는 부르주아 교회의식과는 아무 관계도 없다는 것이다. 예수는 '사고'하기 위해서가 아니라 '행동'하기 위해 이 땅에 왔다. 이렇게 본다면, 키르케고르에게 기독교란 너무나 숭고한 것이어서 자신을 감히 진리의 증인이라거나 순교자라고 부를 수조차 없었다. 그래서 평생 가면을 쓰고 세상 사람들의 접근을 피했다.

그의 용어들은 권태와 우울, 불안과 절망, 죽음에 이르는 병 등 온통 음울한 색채로 덮여 있다. 그러나 키르케고르는 이러한 절망에만 머물지 않는다. '이것이냐 저것이냐'는 우리의 결단을 위한 토대이고, '죽음에 이르는 병'은 초월에의 길이며, '불안과 절망'은 인간을 신앙으로 몰고 가는 동력이 된다.

인간 실존의 한계상황 – 야스퍼스

야스퍼스는 독일의 소도시 울덴부르크에서 법률가인 아버지와 신교도인 어머니 사이에서 태어났다. 법률에서 의학으로 전공을 바꾼 야스퍼스는 의사시험에 합격한 다음, 다시 철학으로 방향을 틀어 교수가 된다. 그러나 히틀러가 권력을 잡은 다음, 유대인 출신의 아내를 가졌다는 이유로 면직을 당하고, 결국 전쟁이 끝난 후에야 스위스 바젤 대학의 초빙을 받아 다시 강단에 서게 된다. 이후 교수직 외에는 어떤 공직도 맡지 않은 채 조용하고 고독한 말년을 보내다 86세를 일기로 삶을 마감했다.

야스퍼스에 있어서는 초월이 이중으로 나타나는데, 세계로부터 실존으로 그리고 신에게로 향한다. 이에 대응해 그의 철학 체계 역시 세계와 실존 그리고 신(초월자)의 세 부분으로 구성되어 있으며, 마찬가지로 그의 저서 『철학』은 철학적인 세계 정립과 실존해명 그리고 형이상학의 세 권으로 이루어져 있다.

먼저 세계란 객관적 존재의 총괄을 뜻한다. 그것은 물질, 생명, 마음, 정신으로 이루어져 있으며, 각각 물리학, 생물학, 심리학, 정신과학의 대상이 된다. '실존해명'이란 실존이 스스로 자기 자신을 밝혀감으로써 참된 자기존재를 파악하는 것이다.

그럼 실존이란 무엇일까? 첫째, 실존이란 가능적 존재이며 자유존재다. 우리는 다른 현존재(사물)처럼 그저 존재하는 것으로 그치는 것이 아니라, 존재할 수 있고 존재해야 한다. 둘째, 실존은 상호간의 교통에서 성립한다. 실존은 서로의 교제를 통해 비로소 참된 자기를 발견하고, 가장 깊은 고독으로 돌아가며, 이 고독이 다시 실존 서로간의 교제를 요구하게 된다. 셋째, 실존은 역사성이다. 실존은 과거를 짊어지고 미래를 내다보는 현재의 충실이기 때문이다.

그러면 이러한 실존은 어떻게 자각되고 실현될까? 여기에서 한계상황이 관련을 맺는다. 이 가운데 특수한 한계상황으로서 죽음과 고뇌, 싸움, 죄의 네 가지가 있다. 그리고 이들 한계상황은 우리로 하여금 실존의 유한성을 깊이 깨닫게 하며, 그 좌절로부터 초월자로의 비약을 불가피하게 만든다.

마지막으로 초월자는 우리에게 어떤 식으로 실존에 나타나는가? 초월자는 실존에 대해 먼저 암호로 나타난다. 실존은 이들 암호를 해독함으로써 초월자의 존재를 확인하는데, 여기에는 세 가지가 있다. 첫째는 초월자의 직접 언어이고, 둘째는 신화나 계시, 예술에서처럼 실존 서로 간에 전달이 가능한 언어이며, 셋째는 철학적으로만 전달할 수 있는 사변적 언어다.

이처럼 야스퍼스의 실존주의 역시 '이 세계'와 그 안에 살아가는 '실존', 그리고 그 실존에 대해 암호로 나타나는 '초월자'에 관해 다루고 있다. 여기에서는 해석 역시 하나의 행동이 되고 실천이 된다.

죽음에로의 존재 – 하이데거

독일 남부 메스키르히에서 태어난 하이데거는 『존재와 시간』을 통해 일약 유명해졌고, 후설(E. Husserl)의 후계자로 프라이부르크 대학의 교수가 되었다. 1933년 같은 대학의 총장으로 추대되지만, 나치가 패망하자 교수직이 박탈되었다. 나중에 복직되긴 했으나, 바로 명예교수로 물러나고 만다.

하이데거에 의하면, 지금까지 서구유럽의 형이상학은 존재 자체와 존재자를 혼동했다. 여기에서 '존재(Sein)'가 존재의 의미를 근원적 입장에서 묻는 쪽이라고 한다면, '존재자(Seiende)'란 일상적 의미에서 그저 존재하는 것들을 의미한다. 전자가 주체적인 철학적 자각의 입장에서 바라본 것이라면, 후자는 철학적 자각 이전의 객관적, 대상적인 태도를 일컫는다. 그런데 과

거의 철학은 존재자만을 문제로 삼았을 뿐, 존재 그 자체는 아예 문제 삼지도 않았다는 것이다.

존재를 규명하기 위해서는 인간존재(현존재, Dasein)에 대한 분석이 앞서 이루어져야 한다. 왜냐하면 모든 존재 가운데서 존재에 대해 물을 수 있고, 또 존재에 대해 이해할 수 있는 존재는 유일하게 인간 존재뿐이기 때문이다. 그렇다면 현존재란 무엇일까?

현존재는 첫째, 세계 안의 존재다. 현존재는 자기 의지와는 무관하게 이 세계 안에 던져진 채 세상일에 골몰한다. 기분, 이해, 언변 등은 이것을 나타내는 단어들이다. 둘째, 현존재는 염려(Sorge)다. 인간은 끊임없이 자기를 실현해나가야 하기 때문에 자기의 현존재에 대해 관심을 갖지 않을 수 없다. 셋째, 현존재란 죽음으로 향한 존재다. 시시각각 그에게 다가오는 죽음은 인간이 결국 순간을 살다 가는 존재임을 실감하게 한다.

그러나 절대적 한계점으로서의 죽음을 바로 본다는 것은 현존재만이 갖는 의미심장하고 긴박한 문제이기도 하다. 인간이 시간이라는 지평선 안에서 찰나를 살다가 죽을 수밖에 없다는 사실이야말로 그로 하여금 가치 있는 삶을 살도록 각성하게 만든다. 인간은 언젠가 그에게 다가올 죽음을 '앞서 취함(先取)'으로써 자기의 본래적이고 고유한 삶을 자유롭고 책임감 있게 이끌어갈 수 있다. 이제 죽음은 현존재의 삶을 유일하고도 가치 있게 만들어주는 긍정적인 의미를 갖는다.

하이데거는 마술적인 언어를 조작해 사람들을 깊은 숲 속의 오솔길로 끌고 간다. 그에게 언어란 결코 단순한 의사소통이나 교제의 수단으로 그치는 것이 아니고, '존재로 하여금 스스로 빛을 뿜어내면서 말을 하도록 하는' 매체다. 언어란 '존재의 집' 인 셈이다. 바로 이 점에서 철학자와 시인은 가장 멀리 있으면 서도 가장 가깝게 서로를 느낀다. 하이데거가 시인 횔더린에 열 중했던 것도 아마 이 때문이 아닐까 생각한다.

노벨문학상을 거절한 레지스탕스 – 사르트르

프랑스 파리에서 태어난 사르트르는 철학자보다는 시인이나 문학가로 더 잘 알려져 있다. 그는 두 살에 아버지를 여의고 외 가로 갔다. 그의 외할아버지는 그 유명한 슈바이처 박사의 친할 아버지 되는 사람이었다. 사르트르는 프랑스 국립대학에서 장 학금으로 공부했고, 재수를 한 끝에야 교사자격시험에 합격했 다. 그는 여류작가인 시몬 드 보부아르를 만나 일생동안 '결혼 하지 않은 상태에서 삶의 반려자'가 되었다.

사르트르는 독일군에 항거한 레지스탕스 운동에 직접 참여 했고, 1945년부터 교수직을 그만두고 자유문필가로 살았다. 한 때 공산주의 운동에도 가담했으나 나중에는 당을 이탈했다. 실존주의 문학가 카뮈와 교제하면서 정치적 논쟁을 하기도 했던 사르트르는 1964년 노벨문학상 수상을 거부했다. 그 상이 서구 작가들에게 치우쳐 있어 공정성을 상실했다는 것이 이유였다.

사르트르에 의하면, 존재는 인간에 의해 의식되건 않건 본래부터 그 자체로 존재한다. 사르트르는 이것을 '즉자(卽自, en-soi)'라고 불렀다. 반면 의식은 항상 다른 존재와의 관계에서만 존재한다. 의식은 그 자체로서 존재하는 것이 못되고, 그 무엇에 관한 의식으로만 존재한다. 의식의 이런 성격을 사르트르는 '대자(對自, pour-soi)'라고 부른다.

그 자체로서 있는 존재(즉자)는 타자와 어떤 관계에 있는 것이 아니며 타자에 의해 창조된 것도 아니다. 그러므로 그것은 필연이 아니라 우연이다. 그것은 어떤 원인의 결과로 있다든지 어떤 목적을 향해 존재한다거나 하지 않는다. 그저 있을 뿐이다. 의식이 존재 자체의 이러한 우연성에 부딪힐 때 우리는 구토(嘔吐)를 느낀다.

물론 인간은 의식을 가지고 있으며, 그런 점에서 그 자체에 머무는 다른 존재와는 구별된다. 그러나 대자로서의 이 의식은 즉자인 존재의 축소 또는 약탈과 같다. 과일 속을 파먹는 벌레처럼 이것은 존재의 알맹이 속으로 의식의 무(無)를 도입한다. 의식은 단순히 무엇에 대해서뿐만 아니라 자기 자신에 대해서도 항상 무를 개입시켜 거리를 두고자 한다.

사르트르는 이러한 대자로서의 인간에 대해 다른 사물처럼 '존재'하는 것이 아니라 '실존(實存)'한다고 말한다. 실존이란 인간의 자기초월적인 존재방식이다. 인간은 미래를 향해 끊임 없이 자기 밖으로 자기를 내던짐으로써, 즉 투기(投企)함으로 써 현재를 뛰어넘는다. 인간이란 스스로 만들어 가는 것이다. 사물의 경우에는 과거의 원인이 현재의 결과를 규정하지만, 인 간행위에 있어서는 미래가 현재를 규정한다. 인간은 미래의 많 은 가능성 가운데 어느 하나를 선택해 투기한다. 이렇게 보면, 인간의 자유는 그에게 본래부터 주어진 것이라기보다 가능성 을 향한 그의 계획과 더불어 얻어지는 것이다.

인간은 우연히, 아무 의미도 없이 이 세상에 던져졌다. 그러 므로 그는 무한히 자유롭다. 인간은 자신이 결코 완전히 꽉 찬 즉자처럼 될 수 없음을 잘 알고 있으면서도, 미래를 선택하고 계획하지 않으면 안 된다. 따라서 인간의 자유는 축복받은 것이 아니라 저주받은 것이며, 끝끝내 우리를 놓아주지 않는 형틀이 다. 인간은 자유가 선고된 존재이며, 선택이 강요된 존재다. 그 러므로 스스로 선택해 만들어 가는 실존은 자기 존재방식에 책 임을 져야 한다. 인간에게 자유란 자의(恣意)가 아니며, 반드시 책임을 동반한다.

그런데 나와 또 다른, 하나의 자유인 타인과의 관계는 어떨 까? 다른 사람의 시선 속에서 나는 하나의 대상이 되고, 나의 자유는 제한을 받는다. 나는 나의 존재를 선택함으로써 동시에 타인, 나아가 전 인류의 존재를 선택하는 것이 된다. 그러므로 나의 선택은 보편적이어야 하며, 나의 행위는 인류의 이상과 합치되지 않으면 안 된다.

이처럼 실존주의는 사고(이성) 안에 가두어두려는 모든 철학에 반대한다. 그것은 우리로 하여금 삶 그 자체에 주목하게 하고, 급박하게 실천으로 몰아간다.

실용 인가 언어분석인가, 영미철학

20세기가 열리면서 철학은 르네상스기에 비견할 정도의 과도기적인 현상을 보이고 있다. 그러나 여기에도 몇 가지 공통점이 있다.

첫째, 오늘의 철학은 그 영향력을 학문 전체에까지 미치게 할수는 없다는 점이고, 둘째, 현대철학은 과학적 토대 위에서 성장할 수밖에 없다는 점이며, 셋째 오늘날 기술의 발달은 삶의 편리와 더불어 인류말살의 가능성까지 내포하게 되었다는 점이다. 그리고 마지막으로 기계의 자동화, 전자계산기와 컴퓨터의 출현, 사이버네틱스(cybernetics)[32]와 같은 새로운 학문의 등장으로 인해 결과를 예측하기 어려운 철학적 문제들이 대두되고 있다는 사실이다.

본장의 제목을 '영미철학'이라고 했지만, 영국 철학과 미국 철학 사이에는 약간의 차이가 있다. 가령 영국민의 특성은 경험과 구체적인 사실을 존중하는 데 있으며, 그것을 명확하게 보여준 것이 근세의 경험론이다. 그리고 현대에 들어와 그 경험론의 부활로 분석철학과 논리적 실증주의가 등장한다.

그러나 미국은 그 역사와 마찬가지로 철학적 전통도 매우 얕아서 초창기에는 영국적인 경험론을 벗어나지 못했다. 그러나 자신들의 힘으로 식민지를 개척해야 하는 상황에서 밖으로 확장해 나가는 쪽을 선택했다. 그래서 남북전쟁 이후 미국의 독자적인 문화가 형성됐고, 바로 이 무렵에 실용주의가 발생했다.

실용주의

미국에서 실용주의 사상이 싹튼 데는 여러 가지 사건들이 작용했다. 그 가운데 미국독립혁명이 가장 중요하지 않을까 싶다. 콜럼버스가 신대륙을 발견하고 나서 유럽인들은 아메리카로 진출하기 시작했다. 신앙의 자유를 찾아 대서양을 건넌 사람들 중에는 특히 종교의 자유를 갈망하는 청교도들이 많았다. 그들은 18세기 초에 이미 미국 동북부 지역 13개 주의 식민지를 건설했는데, 영국 정부는 이곳에 총독을 임명하는 대신 광범위한 자치권을 인정해주었다.

그러나 라이벌 프랑스가 신대륙에 대한 영향력을 상실하자 영국은 식민지 전체에 대해 통제력을 강화하며, 군대주둔 비용, 관세신설 등을 통해 자치지역과 대립각을 세워 나갔다. 이에 대해 식민지인들은 납세를 거부하고, 본국 상품에 대한 불매운동을 전개하며 저항했다. 결국 보스턴에 정박 중이던 동인도 회사의 선박이 불타고, 바다에 차(茶)가 버려지는, 이른바 '보스턴 차 사건'이 터지고 말았다. 이에 대해 영국 정부는 항구를 폐쇄하고, 메사추세츠주의 자치권을 정지시키기에 이르렀다.

마침내 식민지 대표들은 필라델피아에서 대륙회의를 열어 본국 정부의 탄압조치를 철회하도록 요구했는데, 이듬해 보스턴 교외에서 본국 주둔군과 식민지 민병 사이에 무력충돌이 일어나고, 이로 말미암아 독립전쟁이 발발하게 되었다. 식민지에서는 조지 워싱턴을 총사령관으로 임명했고, 1776년에는 제퍼슨이 기초한 독립선언서가 공포되었다.

또 영국의 세력 확대를 원치 않았던 유럽 여러 나라들은 영국 대신 식민지를 지원했는데, 결국 1781년에 프랑스 연합군과 합세한 독립군이 요크타운 전투에서 영국군의 항복을 받아냄으로써 실질적인 독립전쟁은 끝이 난다. 그리고 1783년 양 진영 사이에 파리평화조약이 조인되고, 식민지는 독립의 기쁨을 맛보게 되었다.

독립 이후, 13개 주는 각각의 헌법을 가진 신생 공화국으로 발전했다. 그러나 대내적인 사회 혼란과 경제적인 어려움, 대외적인 수탈 등으로 어려움에 직면했고, 이에 1787년 필라델피아에서 제헌의회를 열어 연방헌법을 제정했다. '연방정부에 모든 결정권을 위임한다'는 내용의 이 헌법은 역사상 최초의 공화주의 헌법에 해당한다. 이 헌법에 따라 연방의회가 구성되고, 조지 워싱턴이 아메리카 합중국 최초의 대통령으로 선출되었다.

이 혁명으로 인해 전제군주제는 종말을 고하고, 자의적인 통치의 시대에서 성문헌법이 지배하는 합리적인 시대로 옮겨가기 시작했다. 결국 미국독립전쟁은 유럽과 라틴 아메리카 식민들에게 막대한 영향력을 끼쳤다고 볼 수 있다.

유럽에서 신대륙으로 건너온 이주민들은 본토인과 싸우고 맹수와 대결하면서 황무지를 개척해 나가야만 했다. 위험과 고통으로 점철된 고난의 역사에서 그들에게는 이론을 위한 관념적 사상보다는 삶의 개척을 위한 실천적 원리가 필요했다. 이 생활철학이 오늘날 미국의 생활양식, 사고방식을 대표하는 실용주의(Pragmatism)다.

프라그마티즘은 그리스어 '프라그마(pragma)'에서 유래한 것으로, 행동과 실천을 중시하는 철학이다. 프라그마티즘은 퍼스(Peirce)가 제창하고 제임스(W. James)에 의해 보급됐으며, 듀이에 의해 전개된 미국의 독자적인 사상이다.

퍼스에 의하면, 개념이란 우리가 이것을 실천적으로 검증할 수 있을 경우에만 옳은 것이고, 행동의 결과로 나타낼 수 없으면 무의미하다. 퍼스는 실용주의 철학의 출발점을 실험과학에서 찾았다. 즉, 실험조작을 통해 실증되는 명제만이 의미 있다는 것이다. 때문에 '어떤 관념이 엄밀한 논리적 검토를 견뎌내지 못하더라도, 우리의 정신생활에 의미가 있다면 참된 관념'이라고 주장한 제임스의 이론은 용납될 수 없었다. 왜냐하면 정서적 만족이란 사람에 따라 차이가 있기 때문이다. 만일 정서적 만족을 주는 신념이 모두 참되다고 한다면, 똑같은 하나의 신념이 어떤 사람에게는 참되고 다른 사람에게는 거짓이 되는 결과가 되기 때문이다.

퍼스의 실용주의를 하나의 철학으로 발전시킨 사람은 제임스다. 하버드 대학 교수였던 그는 실용주의를 정의해 "제일 먼저 눈에 띄는 사물이나 원리, 범주 또는 필연성 등을 무시하고, 궁극적으로 나타나는 사물이나 그 결과 및 실상에 주목하려는 입장"이라고 말했다. 어떤 사물의 유용성이나 가치 또는 일정한 성과가 진리평가의 기준이 된다는 뜻이다. 제임스는 하나의 표상(관념, 개념)에 대해 그것이 얼마큼의 현금가치(cash-value)가 있느냐고 묻는다. 그야말로 직접적·현재적·실천적인 것에 집착하는 미국인의 기질을 그대로 드러낸 인물이라 할 수 있다.

이러한 입장에서 영원한 진리란 존재하지 않는다. 철학이란 인간의 소망을 충족시켜주거나 실제적인 생활에서 쓸모가 있어야 하며, 종교 역시 우리가 그 믿음을 가짐으로써 더 나은 생활을 누릴 수 있어야 하고, 과학상의 관념이나 도덕도 모두 행동에 의해 검증되어야 한다. 만일 검증될 수 없으면 그것은 무의미하고 공허한 것에 지나지 않는다. 다만 종교적인 관념에 대해서는 조금의 예외를 인정해 제임스는 "비록 증명되는 지식이 아닐지라도, 만일 그것이 인간의 마음에 교육적으로 작용하거나 착한 행동을 하도록 영향을 미친다면 가장 실천적일 수 있다"고 말한다.

실용주의의 완성자는 역시 듀이(J. Dewey)다. 듀이는 고등학교 시절 진화론의 영향을 받고, 콩트(A. Comte)의 실증주의에 심취했는데, 초등학교 교사로 근무하다가 철학에 전념해 미시간 대학의 철학과 주임교수가 되었다.

지금까지의 역사를 보면, 고대철학은 자연현상의 배후에 있는 근본적인 것의 본질이 무엇인지 밝히고자 했다. 근세 이후에는 '인간의 실존이 본질에 앞선다'는 실존주의적 경향이 대두했다. 그리고 인간을 초자연적인 존재 및 신으로부터 해방시킨 것은 진화론이었다. 진화론의 영향을 받아 듀이는 철학의 방법론을 탐구에서 찾았다. 그에 의하면, 진리란 탐구에 의해 보증된 신념이나 지식에 불과하다.

그리고 이러한 지식(진리, 철학)이 실제로 테스트되는 실험실이 바로 교육현장이다. 듀이는 자신의 교육이론을 실험해보기 위해 부인과 함께 실험학교를 운영했다. 그러나 총장이 사범학교 부속 실습학교와 통합해버리면서 결국 문을 닫고 말았다. 이에 듀이는 대학을 사직하고 전 가족이 유럽여행을 떠났으며, 그후 컬럼비아 대학으로 가서 그의 전성기를 구가한다. '지성이나 지식은 미래의 행동을 위한 도구'라고 하는 것이 이른바 듀이의 도구주의(道具主義)다. 인간의 사고, 관념 등은 도구이며, 이것이 환경과 조화될 경우 그것은 진리가 된다.

실용주의는 외부 자연이라든가 초자연적인 절대자 중심의 철학에 대한 일종의 반항이며, 인간의 권리를 주장하는 사상이라고 말할 수 있다. 이제 진리란 '인간의 생활에 얼마만큼 유용한 도구로 봉사하느냐'에 달려있게 되었다.

분석철학

분석철학에서는 '철학의 주된 임무는 언어와 기호에 대해 논리적 분석을 가하는 것'이라고 주장한다. 즉, 형이상학을 배격하고 모든 문제를 과학적 방법에 의해 해결해나가야 하며, 따라서 그 수단으로서의 언어와 기호의 분석만을 임무로 삼아야 한다는 것이다.

분석철학의 첫 번째 기원은 영국 고전적 경험론의 전통을 이어받은 케임브리지학파의 신실재론(新實在論)[33]이다. 또 하나는 독일 경험비판론의 흐름을 계승한 비엔나학파의 논리적 실증주의[34] 운동이다. 그리고 이러한 발전을 더욱 촉진시킨 것이 기호논리학[35]이다.

1940년 뉴욕 주대법원은 러셀의 작품에 대해 "음탕하고 호색적이며 … 편협하고 허위에 가득 차 있고, 어떤 도덕의 흔적도 찾아볼 수 없다"고 판결했다. 그러나 그로부터 10년 후 러셀은 '자유사상과 인간이성의 대변자'라는 찬사 속에서 노벨문학상을 수상했다. 그의 가장 중요한 업적으로는 『수학원리』를 들 수 있다. 이는 그가 스승인 화이트헤드의 협력을 얻어 완성한 것으로, 기호논리학의 발달사에 있어 하나의 금자탑이라고 할 만한 것이다.

일찍이 라이프니츠가 우리의 논리적 사고과정을 기호화하려고 한 착상은 프레게 등에 의해 정밀한 기호논리학으로 확립되었다. 러셀은 이들의 사상에 매혹되어 연구를 진행한 결과, 논리적 원자론(logical atomism)을 완성했다. 그에 의하면, 이 세계는 서로 독립해 있는 원자적 사실의 결합에 의해 이루어져 있으며, 이러한 세계의 구조에 대응하는 것이 바로 명제다. 원자적 사실들을 진술하는 것이 원자명제요, 이 원자명제가 명제 결합기호에 의해 결합된 것이 분자명제다. 따라서 세계를 기술하는 모든 명제는 논리적 분석을 통해 원자명제로 나누어지며, 그 진위(眞僞)는 원자명제의 진위에 따라 결정된다.

즉, 어떤 사상이나 세계를 쪼개나가면 그 이상 쪼갤 수 없는 독립적 단위에 도달하게 되며, 역으로 이와 같은 원자적인 단위의 복합체가 바로 '사상과 세계'라고 하는 견해다. 그러나 분석철학이 철학으로서의 독자적인 위치를 확보한 것은 비트겐슈타인(L. Wittgenstein)의 등장 이후다.

비트겐슈타인은 오스트리아 비엔나에서 부유한 철강재벌의 5남 3녀 가운데 막내로 태어났다. 베를린 공과대학을 거쳐 영국 맨체스터 대학에서 항공공학을 전공했으나, 수학을 거쳐 결국 철학으로 돌아왔다. 그의 『논리철학논고』가 1930년대에 일어난 논리적 실증주의의 경전 역할을 했다면, 『탐구』는 1945년 이후 등장한 일상 언어학파의 활동단서가 되었다.

비트겐슈타인은 러셀에게서 배우는 동안 논리적 원자론에 도달했다. 그의 『논고』에는 이 사상이 깔려 있는데, 예컨대 그는 "세계는 성립되어 있는 것의 전체다"라고 말하고 있다. 여기에서 '성립되어 있는 것'이란 사실(事實)이요, 사실은 다시 단순한 원자적 사실들로 나누어진다.

그런데 가장 단순한 명제, 즉 요소명제란 원자적 사실의 존립을 주장하는 것이다. 그러므로 그것이 참인 경우에는 원자적 사실이 존립하고, 거짓인 경우에는 원자적 사실이 존재하지 않는 것이 된다. 그리고 원자명제의 결합인 분자명제가 참인지 거짓인지는 원자명제의 진위에 의해 결정된다. 즉, 보통명제(분자명제)는 요소명제(원자명제)의 진리함수인 것이다. 이러한 비트겐슈타인의 주장은 러셀과 똑같이 논리적 원자론으로부터 나온 결론이라고 할 수 있다.

그러나 무엇보다도 분석철학에 결정적인 영향을 준 것은 '논리적 명제가 무의미하다'는 주장과 '철학은 언어비판'이라고 보는 관점이다. 대개의 경우, 동어반복에 그치는 논리적 명제는 세계의 구조에 대해 아무것도 진술할 바가 없기 때문에 무의미하다. 반면 형이상학적 명제는 경험에 의해 진위가 결정되는 경험적 명제도 아니고, 논리적 형식에 의해 진위가 결정되는 논리적 명제도 아니므로 결국 넌센스한 명제에 해당한다. 따라서 결국 의미 있는 명제는 오직 자연과학의 명제뿐이다.

그러므로 철학의 목적은 형이상학적 이론을 세우는 데 있는 것이 아니라, 사상을 논리적으로 명료화하고 그 언어를 비판하는 데 있다. 또 철학의 성과는 명제를 명료화하는 데 있다. 따라서 언표 될 수 있는 것, 즉 자연과학의 명제를 제외하고는 아무것도 말하지 않는다는 것, 그리고 어떤 사람이 무슨 형이상학적인 것을 말하려고 할 때 그때마다 그가 자기 명제의 어떤 기호에 아무런 의미도 부여하지 못했음을 지적해주는 것만이 철학의 진정한 사명이다. 즉 '말할 수 없는 것에 대해서는 침묵해야 한다!' 여기에 논리적 실증주의의 기본방향이 잘 드러나 있다.

논리적 실증주의는 비트겐슈타인의 언어비판에 입각한 반(反)형이상학적 태도를 그대로 이어받고 있다. 이 운동의 모태인 비엔나학파는 1923년 비엔나대학의 슐리크를 중심으로 한 철학자와 과학자, 수학자들의 모임에서 시작되었다. 이들의 기본입장은 형이상학을 배격한다는 데 있다. 형이상학적 주장이란 경험적으로 검증할 어떠한 수단도 없으므로 결국 무의미하다. 의미가 있는 명제란 경험적으로 진위가 검증되는 경험적 종합명제와 논리적 형식에 의해 진위가 결정되는 분석명제 두 가지뿐이다.

인식론에 대해서도 이들의 부정적인 태도는 단호하다. 외적 세계가 우리의 경험과 독립적으로 실재한다거나 실재하지 않는다는 주장은 그것을 검증할 만한 방법 자체가 없다는 것이다. 그러므로 외적 세계에 대한 주장은 절대자나 물(物) 자체에 관한 주장과 마찬가지로 무의미하다. 윤리학에 관해서도 일단 경험을 넘어선 초월적인 윤리학을 배격한다. 초경험적인 가치에 관해 무엇인가를 주장한다는 것은 일종의 초월적 형이상학이며, 따라서 그것은 역시 무의미하다는 뜻이다.

형이상학적 발언이나 윤리적 발언은 특정한 존재의 현존이나 성격에 관해 어떤 정보도 알려주지 않는다. 우리에게 그러한 지식을 알려줄 수 있는 것은 과학적 명제뿐이다. 그렇다면 우리에게 철학이란 과연 무엇일까? 이에 대해 논리 실증주의자들은 "철학이란 과학적 명제를 분석해 그 의미내용을 명철화하는 것"이라고 답한다. 비트겐슈타인은 이에 그치지 않고 "철학이란 그러한 명제를 논리적 분석에 의해 분명하게 하는 활동에 지나지 않는다"고 주장한다.

논리적 실증주의자들의 언어분석이란 과학적 명제를 '기호논리학에 의해 정식화함으로써 이상적 논리구조를 갖게 된' 인공언어, 모델언어로 바꾸어 그 진리성을 검토하려는 것이었다. 이러한 환원주의의 밑바닥에는 "실재세계의 구조란 이상적인 인공언어의 구조와 동일하다"고 하는 러셀, 비트겐슈타인의 논리적 원자론의 사상이 전제되어 있다.

그러나 인간의 현실적 언어활동은 단순화된 인공언어만으로 표현하기 어려울 만큼 복잡하다. 따라서 우리가 현실에서 사용하는 일상언어 또는 자연언어를 분석하는 데는 기술이 필요하다. 그리하여 후기의 비트겐슈타인은 『논고』에서 논리적 원자론의 입장을 버리고, 인공언어의 분석을 통해 형이상학이나 과학적 인식의 문제에 접근하려는 태도도 버리고 만다. 그는 이제 현실적인 일상언어의 분석에 관심을 기울이는데, 그것을 구체적으로 표현하고 있는 것이 그의 유고인 『철학탐구』이며, 그 영향으로 성립된 것이 일상언어 철학이다.

언어는 정지해 있는 대상으로 다루어져서는 안 되며, 일정한 목적이나 기능을 가진 인간 사회활동의 일부로 다루어져야 한다. 모든 철학적 문제는 언어활동이 제대로 기능을 발휘하지 못하고, 언어사용에 여러 가지 혼란이 일어나는 데서 생겨난다. 따라서 그러한 혼란을 해소시켜야 문제가 해결될 수 있다. 철학은 체계가 아니라 언어활동을 음미하는 작업이어야 한다.

우리의 언어활동은 통일적 활동으로서 마치 유희(놀이)와 비슷하다. 말하자면 그것은 언어유희(language game)다. 유희에 여러 가지 규칙이 있듯, 언어에도 일정한 규칙이 있다. 우리는 이 규칙에 의거해 언어를 사용하기도 하고 이해하기도 하는데, 언어유희를 지배하는 이 규칙이 넓은 의미의 논리요, 문법이다. 동일한 명제라도 언어유희에 있어서는 위치에 따라 서로 다른 의미를 갖게 된다. 그래서 "말이나 문장의 의미는 그 용법이요, 그 적용이다"라고 하는 새로운 의미론이 나오게 된다.

일상언어는 원래 사회적 산물로 어디까지나 현실적이며 유동적인 것이다. 따라서 그것은 엄밀한 논리적 법칙과 같이 어떤 고정된 규칙의 지배를 받고 있는 것이 아니다. 그러므로 우리는 일상언어의 규칙을 부당하게 일반화한다든지 지나치게 단순한 형태로 정식화해서는 안 된다. 일상언어의 규칙은 용법과 그 사용자에 따라 달라지게 마련이다.

언어의 규칙을 일반화하려는 데 바로 지금까지의 철학이 범한 오류가 있다. 우리는 언어가 갖는 그때그때의 사용법에 주목하고, 그것을 하나하나 고찰해 나감으로써 이러한 오류에서 벗어날 수 있다. 이것이 바로 언어분석의 기술적 방법이다.

과연 철학이란 무엇인가? 여기에서 우리는 근본적인 물음으로까지 나아갈 필요가 있다. 철학은 세계를 해석만 하는 걸까? 아니면 행동까지를 담보해야 하는 걸까? 사고하고 언표하는 것도 하나의 '행동'이라고 주장하는 철학자들에게 우리는 어떻게 답해야 할까?

1) '미노스(Minos)'는 그리스 신화에 나오는 크레타 섬의 왕이다. 그는 괴물 미노타우로스를 미궁(迷宮)에 가두고 해마다 젊은 남녀를 제공했다.
2) 그리스어로 '만물의 근본물질'을 뜻한다.
3) 신이 자연 속에 깃들어 있다고 보는 입장.
4) 그리스의 변론가. 그에 따르면 첫째, 아무 것도 존재하지 않는다. 둘째, 비록 존재하는 것이 있다 하더라도 우리는 그것을 알 수 없다. 셋째, 설사 그 존재하는 것이 인식된다 하더라도 그것을 남에게 표현하거나 전달할 수 없다. 실로 이보다 더한 회의적 방법이란 있을 수 없겠지만, 만약 고르기아스의 주장이 사실이라면, 그의 존재 자체나 주장 역시 우리에게 전달될 수 없다는, 웃지 못할 모순에 부닥치고 만다.
5) 신과 인간을 매개하는 중개자.
6) 페르시아 전쟁 이후 아테네를 중심으로 델로스 동맹이 맺어졌는데, 아테네가 스스로 교만해져 횡포를 부렸기 때문에 이에 반대해 스파르타를 중심으로 펠로폰네소스 동맹이 맺어졌다. 결국 양 진영으로 나뉘어 30년 동안 전쟁을 겪었다. 이 전쟁에서 스파르타가 승리하긴 했으나 에너지를 소진한 그리스의 도시국가들은 이후 차츰 몰락해갔다.
7) 동굴 안에 갇혀 있는 죄수들은 태어나면서부터 온몸이 의자에 묶여 있는데, 항상 출입구와 맞서 있는 동굴의 벽밖에 볼 수 없다. 그런데 입구 쪽에 동굴을 가로질러 사람 키만한 벽이 서 있고, 그 뒤에 불이 타오르고 있다. 또 불과 벽 사이를 사람들이 지나다니고 있으며, 이때 벽보다 높이 솟아난 부분의 그림자가 동굴의 입구를 지나 벽에 비춰진다. 그럼에도 죄수들은 그림자가 실제 사물인 것으로 착각하며 살아간다. 그런데 그들 가운데 누군가가 동굴에서 나와 대상 자체를 불빛 속에서 직접 볼 수 있다면 깜짝 놀라고 말 것이며, 한 걸음 더 나아가 태양 빛 아래에 있는 인간과 동물, 사물들을 직접 본다면 자신이 그동안 엄청난 착각에 빠져있었음을 깨닫게 될 것이다. 이미 밝은 세계를 체험한 사람이 동굴 안으로 들어가 동료 죄수들에게 "너희들이 보고 듣는 것은 참된 현실이 아니다"라고 설명해준다 한들, 아무도 믿지 않고 오히려 비웃기만 할 것이다. 그럼에도 불구하고 이들을 참된 세계의 빛으로 인도하려고 끝까지 노력한다면 그는 죽임을 당

할지도 모른다. 이 비유에서 동굴이란 우리들 인간의 감각적 세계를 의미하며, 죄수는 우리들 자신을 의미한다. 인간은 감각이라고 하는 캄캄한 동굴에 갇혀 참다운 진리의 세계를 보지 못한다. 그러다 어느 날 우연히 동굴로부터 빠져나올 기회가 있는 것처럼, 어쩌다 우리의 영혼이 이념의 세계로 비약하는 경우가 있다. 이때 다시 일상생활로 돌아온 철학자(진리를 갈망하는 자)는 이웃들에게 참다운 진리를 설파하지만 아무도 믿어주지 않는다. 그럼에도 불구하고 끝까지 진리를 전하는 일이 철학자의 사명이며, 이 일을 위해 소크라테스는 죽음마저 받아들여야 했다.

8) 본래 '도시국가'라는 뜻. 그러나 여기에서는 '사회적 존재로서의 인간이 적응해 나가기 위한 여러 조건'이라는 의미로 사용되었다.

9) 엘레아학파의 제논(기원전 490~420)과 구별하기 위해 '키티움의 제논(기원전 336~264)'이라 부른다.

10) 네르바, 트라야누스, 하드리아누스, 안토니누스 피우스, 마르쿠스 아우렐리우스 등 로마 제국 역사상 최고의 전성기를 이끈 다섯 명의 황제를 말한다.

11) 노아의 홍수 사건 이후, 그 후손들이 동방으로 옮겨가다가 시날 평지(티그리스 강과 유브라데 강 사이에 끼인 곳, 현재 바그다드 남쪽 64~80킬로미터 지점)를 만나는데, 바로 이곳에 세운 성읍 이름이 바벨이다. 이곳에서 그들은 탑을 쌓아 '그 꼭대기를 하늘에 닿게 하여 우리 이름을 내고 온 지면에 흩어짐을 면하자'고 의기투합한다. 그러나 하나님께서 그 행위를 좋지 않게 보시고 언어를 흩어버림으로써 작업은 실패로 돌아갔으며 그들은 온 땅에 흩어지고 말았다.

12) '이것이 무엇이냐?'는 뜻. 출애굽한 이스라엘 백성들이 광야에서 생활할 때, 하나님께서 하늘로부터 내려주신 양식. '깟씨 같고 희며 맛은 꿀 섞은 과자 같았다'는 성경의 기록이 있다.

13) 바벨론 제국이 멸망하고(기원전 539년), 페르시아 왕 고레스가 중근동의 새로운 지배자로 등장했다. 그는 즉위 원년에 이스라엘 백성들의 귀환과 예루살렘 성전 건축을 허락하고, 성전 건축에 필요한 것들까지 제공하라는 조서를 전국에 내린다. 이 조서를 가리키는 말이다.

14) 여호와가 애굽 사람의 맏아들을 모두 죽일 때, 이스라엘 사람들의 집에는 어린 양의 피를 발라 표를 해놓은 까닭에 죽음의 신이 그대로 지나가 재난을 면한 데서 온 말. 유대인의 3대 축제일의 하나로, 이스라엘 사람이 애굽에서 탈출한 것을 기념하는 절기. 누룩 없는 떡을

먹는 무교절과 연결되어 있기 때문에 두 절기는 함께 지칭된다.

15) 불교의 한 유파로, 특이한 종교체험을 중시하며 누구든지 마음을 집중하면 몸이 부처로 될 뿐 아니라 현세적인 소원을 이룰 수 있다고 믿는다.

16) 미트라 신은 하늘을 맡은 신으로, 기원전 3세기 무렵부터 인도, 이란 등에서 신봉되어 왔다. 미트라가 내림하면 선인은 부활해 영생을 얻지만, 악인은 멸망한다고 주장한다. 세례나 성찬 의식도 있어 기독교와의 관련성이 연구되고 있다.

17) 하나님과 예수 그리스도가 동일하지 않으며, 예수는 하나님의 피조물 가운데 최초의 것이자 가장 완전한 존재에 불과하다고 주장했다.

18) 율법, 특히 정결에 대한 규례를 철저히 준수하며 부활을 믿었다. 유대인의 신앙적 지도자로 자처했으나 지나친 율법주의에 빠져 예수와 세례 요한의 책망을 받았다.

19) 몽고 지방에서 세력을 떨친 유목 민족. 나중에 후한(後漢)에게 토벌당해 서쪽으로 이동했고, 남러시아에서 훈족으로 나타났다.

20) 메로빙 왕조의 최고 궁정직(宮廷職). 왕권이 약화됨에 따라 궁재가 실권을 장악하기에 이르렀는데, 그중에서도 카롤링거가가 다른 세력을 제압하고, 751년 피핀이 쿠데타를 일으켜 카롤링거 왕조를 세웠다.

21) 962년 독일 왕 오토 1세가 로마 교황으로부터 황제의 관을 받은 후, 1806년 프란쯔 2세가 나폴레옹에 패해 제위를 내놓기까지 독일 국가를 부르는 호칭.

22) 843년 프랑크 왕국을 셋으로 나눈 조약. 이 조약으로 인해 현재의 이탈리아, 독일, 프랑스의 바탕이 이루어졌다.

23) 영주의 사유지를 중심으로 형성됐으며, 이 제도 하에서 농노(農奴)는 공조(貢租)와 부역의 의무를 지고, 영주는 경제권 외에 재판권, 행정권, 경찰권까지 행사했다.

24) 13~15세기에 걸쳐 해상교통의 안전보장, 공동방호, 상권 확장 등을 목적으로 북독일 연안의 여러 도시와 발틱 연안의 여러 도시들 사이에 이루어진 유력한 도시 연맹. 한자(Hansa)는 독일어로 조합, 동료라는 의미다.

25) 연장(延長)이나 형상(모양), 견고성, 운동 및 정지처럼 주변의 환경이 어떠냐에 관계없이 사물 자체가 가지고 있는 고유한 성질. 이에 대해 색이나 맛, 냄새, 온도 등과 같이 환경에 따라 달라지는 것을 '제

2성질'이라 부른다.

26) 앙샹 레짐(ancien regime). 군주가 소수의 사제, 귀족 등과 결탁해 인구의 90%를 차지하는 농민과 시민을 억압한 정치질서.

27) 사제, 귀족, 서민의 각 대표자로 이루어졌으며, 근대 대의(代議) 제도의 전신.

28) '테르미도르 반동' 이후 나폴레옹의 쿠데타까지 1795년에서 1799년에 걸쳐 존재했던 프랑스 정부. 여기에서 '테르미도르 반동'이란 프랑스혁명 중인 1794년 7월 27일, 혁명력으로는 테르미도르 9일에 로베스피에르파의 독재 정권이 국민공회에 의해 무너진 사건을 말한다.

29) 어떤 상품의 생산에 투여된 노동량 또는 노동시간에 따라 그 상품의 가치가 규정된다는 이론.

30) 잉여가치란 '자본가가 지불하는 노동력의 가치(임금) 이상으로 노동자에 의해 생산되는 가치'를 말하는데, 바로 이 잉여가치만큼 노동자는 자본가에 의해 착취를 당한다는 논리다. 이 논리에 의해 계급혁명론이 등장한다.

31) 자극이 되는 어떤 말을 들었을 때, 그것으로부터 마음에 떠오르는 생각을 자유롭게 연상하게 함으로써 히스테리를 제거하려는 일종의 심리적 치유방법.

32) 인간의 생리, 심리 현상에 걸친 광범위한 영역에 대해 유효하고 통일적인 수학적 이론의 체계를 세우는 학문. 기초가 되는 것은 통신 또는 정보이론이고, 특히 중요한 것은 피드 백(feed back)의 메커니즘이다.

33) 눈에 보이지 않는 의미나 가치와 같은 관념적 대상도 실재적 대상처럼 그 자체로 존재하는 것이라고 주장하는 입장.

34) 명제에 들어있는 무의미한 요소들, 즉 비경험적이고 형이상학적인 요소를 걸러내고, 과학적 방법을 그대로 철학에 도입하려는 입장.

35) 보통의 일반 논리학이 언어를 사용하는데 반해, 기호를 사용하는 것이 특색이다. 수학처럼 엄밀한 형식적 방법에 의해 전개되는 새로운 논리학.

참고문헌

강성률, 『2500년간의 고독과 자유』, 형설출판사, 2005.

강성률, 『철학의 세계』, 형설출판사, 2006.

강성률, 『청소년을 위한 서양철학사』, 평단문화사, 2008.

강성률, 『한 권으로 읽는 서양철학사 산책』, 평단, 2009.

강성률, 『철학스캔들』, 평단, 2010.

강영계 편저, 『철학의 흐름』, 제일출판사, 1987.

강영계, 『철학의 이해』, 박영사, 1994.

김경묵·우종익, 『이야기 세계사 1: 고대 오리엔트에서 중세까지』, 청아출
    판사, 1997.

김두헌, 『서양윤리학사』, 박영사, 1988.

김용정, 『칸트철학연구』, 유림사, 1983.

소비에트 과학아카데미 철학연구소 편, 『세계철학사』, 이을호 편역, 중원
    문화, 2008.

안광복, 『청소년을 위한 철학자 이야기』, 신원문화사, 2002.

안병욱, 『사색인의 향연』, 삼중당, 1984.

영남철학회, 『위대한 철학자들』, 미문출판사, 1984.

이강무, 『청소년을 위한 세계사(서양편 : 선사에서 현대까지)』, 두리미디
    어, 2007.

정진일, 『위대한 철인들』, 양영각, 1988.

철학교재편찬회 편, 『철학』, 형성출판사, 1991.

하영석 외 공저, 『칸트철학과 현대사상』, 형설출판사, 1984.

한단석, 『서양철학사』, 박영사, 서울, 1981.

허용선, 『불가사의한 세계 문화유산의 비밀』, 예림당, 2005.

B. 러셀, 최민홍 역, 『서양철학사(A History of Westerrn Philosophy)』, 집문
    당, 1980.

F. 코플스톤, 『철학의 역사(A History of Philosophy)』, The Newmann Press
    Westminster, Maryland, 1960.

H.J. 슈테릭히, 『세계철학사(Geschichte der Philosophie)』, 분도출판사,
    1981.

I.F. 스톤, 편상범·손병석 역, 『소크라테스의 비밀(The Trial of Socrates)』,

자작아카데미』, 1996.

J. 히르쉬베르거, 강성위 역,『세계철학사(Geschichte der Philosophy)』, 이
    문출판사, 1987.

P. 존슨, 윤철희 역,『지식인의 두 얼굴(Intellectuals)』, 을유문화사, 2005.

W. 바이셰델, 이기상·이말숙 역,『철학의 뒤안길(Die philosophische
    Hintertreppe)』, 서광사, 1990.

큰글자 살림지식총서 100

이야기 서양철학사

펴낸날	초판 1쇄 2014년 3월 14일
	초판 2쇄 2016년 7월 12일

지은이	강성률
펴낸이	심만수
펴낸곳	(주)살림출판사
출판등록	1989년 11월 1일 제9-210호

주소	경기도 파주시 광인사길 30
전화	031-955-1350 팩스 031-624-1356
홈페이지	http://www.sallimbooks.com
이메일	book@sallimbooks.com

ISBN	978-89-522-2856-7 04080

이 도서의 국립중앙도서관 출판시도서목록(CIP)은 서지정보유통지원시스템
홈페이지 (http://seoji.nl.go.kr)와 국가자료공동목록시스템(http://www.nl.go.
kr/kolisnet)에서 이용하실 수 있습니다.(CIP제어번호: CIP2014007588)

※ 이 책은 큰 글자가 읽기 편한 독자들을 위해
  글자 크기 15포인트, 4×6배판으로 제작되었습니다.